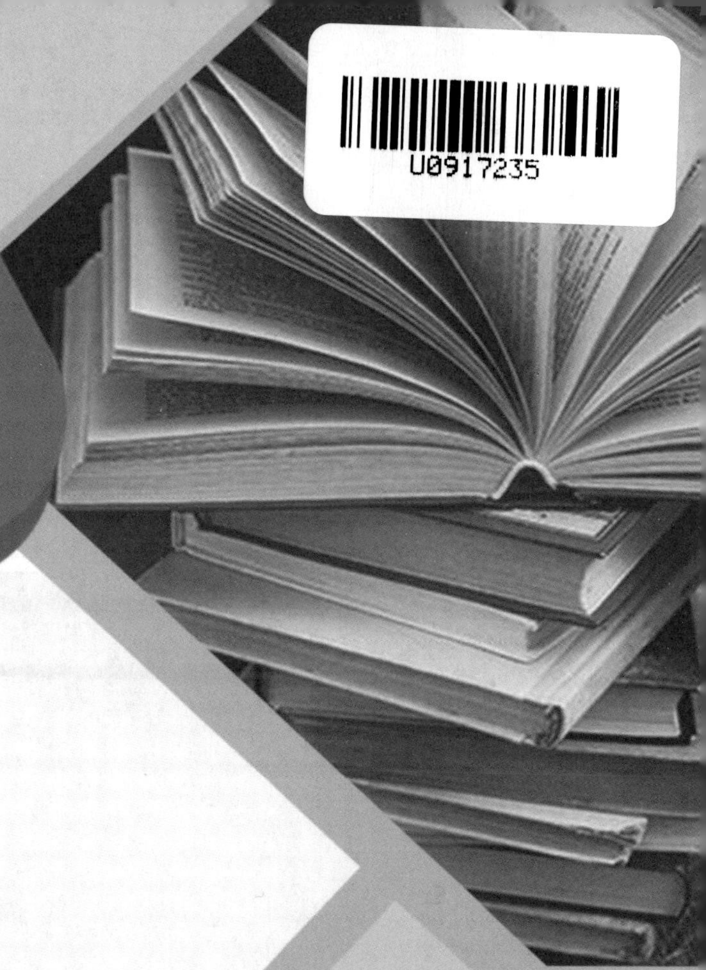

高校英语教学中的语用能力培养研究

邵　彦◎著

中国原子能出版社
China Atomic Energy Press

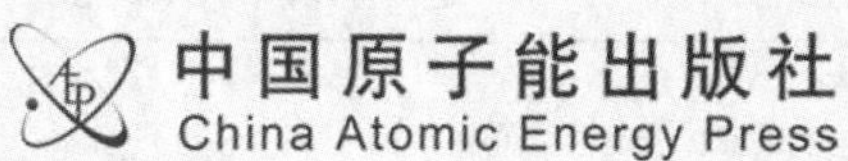

图书在版编目（CIP）数据

高校英语教学中的语用能力培养研究 / 邵彦著 . -- 北京 : 中国原子能出版社 , 2022.12

ISBN 978-7-5221-2415-5

Ⅰ . ①高… Ⅱ . ①邵… Ⅲ . ①英语－教学研究－高等学校 Ⅳ . ① H319.3

中国版本图书馆 CIP 数据核字 (2022) 第 228259 号

高校英语教学中的语用能力培养研究

出版发行　中国原子能出版社（北京市海淀区阜成路 43 号 100048）

责任编辑　潘玉玲

责任印制　赵　明

印　　刷　北京天恒嘉业印刷有限公司

经　　销　全国新华书店

开　　本　787mm × 1092mm　1/16

印　　张　9.25

字　　数　201 千字

版　　次　2022 年 12 月第 1 版　　2022 年 12 月第 1 次印刷

书　　号　ISBN 978-7-5221-2415-5　　　　定　　价　76.00 元

前　言

随着社会的进步和发展，世界各国、各民族之间的交流合作日益增强。英语作为一种交际工具，在现代社会生活中发挥着重要作用。英语教师的职责是培养学生用英语进行交际的能力，并将其作为英语教学的目标。但是中国的英语教学长期以来一直受结构主义语言观的影响，对语用没给予充分重视，把语用失误简单地归咎于语言知识不足。很多学生能说一口流利的英语，但由于对语用的忽视，说出的英语经常出现语用错误。采用哪些教学方法，如何利用课堂教学环境有效地教授语用知识，进而提高学生语用意识和培养学生语用能力，是目前面临的迫切问题。

全书共六章。第一章为绪论，主要阐述什么是语言、语用学概说以及高校英语教学的影响因素等内容；第二章为高校英语教学的理论基础，主要阐述高校英语教学的基本关系以及高校英语教学的理论基础等内容；第三章为高校英语教学的多视角建设，主要阐述高校英语教学的多视角模式理论构建、高校英语教学法的多种流派以及高校英语教学的多元化理论与实践等内容；第四章为高校英语语言能力与语用分析，主要阐述英语听力与语用、英语口语与语用、英语阅读与语用、英语写作与语用、英语翻译与语用等内容；第五章为高校英语教学中常见的语用失误，主要阐述语用失误概说、英语口语中的语用失误、旅游英语中的语用失误、跨文化交际语用失误的成因与防范等内容；第六章为高校英语教学中的语用能力培养，主要阐述高校学生语言应用能力现状、高校学生英语语用能力培养的必要性以及高校学生运用能力的培养策略等内容。

为了确保研究内容的丰富性和多样性，在写作过程中参考了大量理论与研究文献，在此向涉及的专家学者们表示衷心的感谢。

最后，限于作者水平不足，加之时间仓促，本书难免存在一些疏漏，在此恳请同行专家和读者朋友批评指正！

邵　彦
2020 年 5 月

目　录

第一章　绪 论 …… 1

第一节　什么是语言 …… 1

第二节　语用学概说 …… 6

第三节　高校英语教学的影响因素 …… 16

第二章　高校英语教学的理论基础 …… 21

第一节　高校英语教学的基本关系 …… 21

第二节　高校英语教学的理论基础 …… 28

第三节　高校英语教学开展的原则 …… 37

第三章　高校英语教学的多视角建设 …… 49

第一节　高校英语教学的多视角模式理论构建 …… 49

第二节　高校英语教学法的多种流派 …… 53

第三节　高校英语教学的多元化理论与实践 …… 64

第四章　高校英语语言能力与语用分析 …… 71

第一节　英语听力与语用 …… 71

第二节　英语口语与语用 …… 75

第三节　英语阅读与语用 …… 79

第四节　英语写作与语用 …… 84

第五节　英语翻译与语用 …… 90

第五章　高校英语教学中常见的语用失误 …… 93

第一节　语用失误概说 …… 93

第二节　英语口语中的语用失误 …… 99

第三节　旅游英语中的语用失误 …… 101

第四节　跨文化交际语用失误的成因与防范 …… 104

第六章　高校英语教学中的语用能力培养 …… 115

第一节　高校学生语言应用能力现状 …… 115

第二节　高校学生英语语用能力培养的必要性……118
第三节　高校学生运用能力的培养策略……122
参考文献……137

第一章 绪 论

随着国际间的交流日益密切，运用英语已经成为一种基本能力，学会使用英语与国际友人进行交流，也成为一种日常现象。本章分为什么是语言、语用学概说以及高校英语教学的影响因素三部分，主要内容包括：语言的定义、语言的特征、语用学的英语、语用学的研究维度等。

第一节 什么是语言

一、语言的定义

语言是人们交流思想的媒介，它必然会对政治、经济、社会、科技，乃至文化本身产生影响。语言这种文化现象是不断发展的，其现今的空间分布也是过去扩散、变化和发展的结果。根据其语音、语法和词汇等方面特征的共同之处与起源关系，把世界上的语言分成若干语系，每个语系包括有数量不等的语种。这些语系与语种在地域上都有一定的分布区，很多文化特征都与此有密切的关系。语言是指生物同类之间由于沟通需要而制订的具有统一编码解码标准的声音信号。

语言是人们记录、传递和保持经验的主要形式，语言对人的信息加工也有很大的影响。所谓信息加工就是对语言的信息加工，语言是人类区别于动物的主要标志。使用语言是人类所特有的高级认知能力。语言本身是一种社会现象，但是人们使用语言，包括理解别人的语言，这是人所特有的一种高级复杂的认知能力。

二、语言和言语

语言和言语并非同义词，并且这种区分已为多数学者所接受。许多著作中即使没有提到区分语言和言语，实际上所研究的内容，如言语理解、产生等，仍以这种区分为基础。

语言是交际工具，言语是用语言工具进行交际的过程和成果。语言是社会现象，其创造者和所有者是使用这种语言的民族或人民，为了学习语言的历史，必须注意人民的历史，语言的存在不取决于个人；言语则是个人心理现象，其创造者和所有者是个人。为了研究言语的发展，必须考虑个人年龄等相关状况，言语行为是由个人完成的。当然，这里所说的社会现象与个人现象并不是对立的。

必须辩证地理解两者的关系。没有个人现象就没有社会现象；没有社会现象也就没有个人现象。社会现象只能在个人现象中表现出来，而个人现象则为社会现象所制约。二者不可对立，也不可等同。必须区别语言和言语，不可混淆。

言语作为用语言进行交际的过程，即人的言语活动，可划分为听、说、读、写的过程。言语也可以是实现交际过程的结果，一定的文字记录，如文章等言语产品，以及用录音设备记录下来的录音制品。人的言语活动只在人活着时才存在，而且完成后随即消逝，而言语活动的成果则在人死后依然可以存在，可以处理和复制，从而也可称为语言材料。心理语言学家感兴趣的首先是人的言语活动，亦即个人运用语言如何在心理上成为可能的问题。

区分语言和言语，主要为了便于研究言语活动，并不是把言语和语言绝对地割裂开来。语言和使用该语言的言语实际上是存在于相互制约、不可分割的统一之中，离开了语言也就不可能有言语。因此，在语言教学中必须恰当地处理语言和言语的关系。

三、语言的结构

语言作为系统是一个整体，但对语言结构的研究，却必须从语音、语法、词汇和语义等几个方面着手。这就有了语音学、语法学（包括词法和句法）、词汇学和语义学。语言的结构可从以下几个方面分析其层次。

音素：语音的最小结构单位是音素，即本族语者能分辨的最小语音单位。音素可分为元音和辅音两大类。英语有 45 个音素。语音方面的大量成功的研究不仅为人类的语言学习创造了极好的条件，而且对言语交际有很大影响。音素的发音能部分决定特定词义和所表达的意思。例如，“increase，digest，survey”等很多英语单词由于发音及重音的不同，词性和语义都发生了变化。显然，通过对语音的分析，能部分决定特定的词义解释。虽然音素是可分辨的最小语音单位，但在言语活动中音节却是比音素更易察觉的语音单位。音节是由一个或多个音素构成的，一个音节在发音时就是一次胸部搏动，包含一个响音峰。

词素：词素是语言最小的意义单位，可由一个或多个音节构成。例如，“best（最好）”和“greatest（最大）”这两个词可用以说明音节与词素之间的区别。“best”是一个音节，也是一个词素，因为它有意义。“greatest”有两个音节，一个音节本身有意义（great），另一个音节“est”不是独立存在的自由词素，而是必须与其他词素结合才有意义的粘着词素。一个或多个词素可以构成词。

词：词是用以构成句子或话语的最小单位，必须至少由一个自由词素组成。词不但有词汇意义，代表特定的事物或行为等。本身具有具体完整意义的词称为实词；本身没有独立词汇意义只能为某种结构提供语法意义的词称为虚词。根据语法特点，词可以分为若干词类，如名词、代词、动词、形容词、副词、介词、感叹词等词类。其中名词、动词等为实词；介词、感叹词为虚词。词是人们掌握语言必不可少的重要语言材料。任何一个词都可能有多种意义，但只在一定的句子里才具有特指的现实意义。早期有人把词视为语言的基本单位，以为只要熟记大量单词就掌握了语言。实际上以词为基本单位是不对的，背诵大量单词并不等于掌握语言。

短语或词组：词按一定的语法联系可组成有意义的短语。短语不包含主语和谓语，往往作为句中的一个成分。短语根据在句中的功能，可分为形容词短语、副词短语、名词短语、动词短语、介词短语、不定式短语、分词短语等。在语言分析中，短语起着重要作用。结合短语来掌握词汇较孤立地熟记单词更有效。

副句：复合句可分解为两个或更多的副句。副句有自己的主语和谓语。副句可以是主句和从句，也可以是并列副句。在复合句中各个副句之间，常用一定的连接词连接起来。

句子：句子包含主语与谓语（至少暗示二者），表达完整的意思。从结构的角度看，句子乃是最大的语言单位。对句子可进行语言分析，句子可分解成各种构成成分的一个语法形式。在转换生成语法中，句子也就是一种由短语结构规则和转换规则生成的结构。各种语言构成句子的方法可能不一样，不同语言使用的语法形式千差万别，但归纳起来不外语序、虚词、重音、语调、内部屈折、重叠、异根法、附加法等八种语法手段。语言总是以其中几种手段为主，另一些为辅。句子已被公认为语言的基本单位。关于言语活动的大量研究，主要集中在句子方面。复合句是由两个或两个以上副句组成（每个副句都有主语和谓语）。

句子可大致分为两个层次：由声音、词、短语和从句大小不同的表层构成成分组成并做线性排列的表层结构，以及由按并列关系、从属关系或补充关系相互结合的命题组成的深层结构。表层结构说明句子是怎样发音的，深层结构则指出要传达的是什么意思。

话语或语段：话语即构成一个相当完整的单位的语段，通常限于指单个说话者传递信息的连续话语。话语可以是口头的，也可以是书面的。副句、短语和句子是按语法规则形成的语法单位，话语则属于较大的语言单位，如段落、会话等。

四、语言的特征

（一）任意性和线条性

所谓的任意性是指语言符号和文字能指和所指之间是一种任意的连接关系，这种关系是不可论证的，即使有的可以论证，但是在普遍意义上来讲，还是不可论证的关系。这就是世界上的语言为什么各式各样的原因之一。

所谓的线条性是指语言的能指是依托声音来完成的，所以它只能在一维的声音空间里传播，而不能突破声音的范围和能力，所以说在分析语言的时候语言使能在横向上依照词语出现的先后顺序来完成，这也造就了语言使用和表达的局限，但是语言的声音性，决定了语言的线条性是不可消除的必然结果。

（二）不变性和可变性

语言是一个处在不断地运动变化发展之中的体系，这个体系中的各个要素既有一定的稳定性，也有一定的变动性，稳定性是语言系统的已存在的前提，也是语言自身大规模研习使用的必备条件，而变动性不仅仅是作为一个系统，语言内部的不断衍生、发展的规律所致，而且也是语言的传承性的表现。

任何事物都是不断的运动变化发展的，新事物不断地产生，旧事物不断地消亡。语言也是这样，语言系统的变化虽然不是很明显，速度并不是很快，但是受到使用的推动以及社会、文化等很多因素的映像语言本身在不断地向着经济、简练、实用、包容力、表现力强的趋势发展。

语言内部的各个组成部分都有着不同方式、不同形态的变化，而且变化的多少、快慢也是不一样的，但是在以往的研究中，我们逐渐掌握了越来越多的规律来解释、预测语言的变化。这不但体现了人们对于语言学的关注、探索取得了很多的成就同时，也昭示了语言学的变化性还是有据可依、有律可循的。

（三）符号性和系统性

语言是社会约定俗成的表达观念的符号，符号的本质是社会的。它在某种程度上要逃避社会上某一些小集体、小圈子的意识。这是语言最主要的特征。语言是一种社会契约，一个社会接受一种表达手段而排斥另一种表达手段其实都是社会上的集体意识的习惯。或者可以说，没有好坏之分，关键是使用哪一种表达方式。

语言符号是一种包含着两面性的实体：一方面语言是表示事物的名称的，所以任何语言都是概念的映像，即具有所指性；另一方面是语言要依托声音这种媒介来表达所指，所以说语言也是声音的映像，也就是说语言具有能指性。

（四）传承性和交际性

语言从某种意义上来看，是人类文化得以传承和储存的有效载体。因此，它在自身的发展当中，逐步体现出很强的传承性和交际性。

所谓传承性，是指语言以自己的风格特色吸引或者促使人们在生活生产中自觉或不自觉地通过语言这个工具直接或者间接影响着相关的人群，或者波及其他更广泛的区域，达到传承的效果。另外，语言在人类社会发展当中，不仅在人与人之间、古代人与现代人之间、中国人与外国人之间储存了文明的精华信息，承担文明发展的桥梁；同时，也由于语言本身的强大交际性功能，更显示出独特的交际功能，在丰富的交际中应对各种变化，产生更加有表达力的语言，产生更多的基于生活生产实际的意义。

五、语言的功能

语言的基本功能是交际。在交际活动中有三个主要因素：说话者、听话者和信息系统。在交际过程中语言的功能与说话者和听话者的心理活动，特别是说话者的意图和想要传递的思想，以及听话者现有知识是密切相关的。第一，说话者意图给予听话者一定影响，而且必须使他们了解这些意图，因此所用句子应反映这些意图；第二，说话者要传递某种思想，而要这样做，句子还必须反映听话者关于物体、状况、事件和事实的思维方法；第三，说话者必须对听话者此刻在想什么以及他们想把谈话引向哪些方面有一些考虑。所用句子必须反映这些考虑。语言功能的这三个方面可冠以言语活动、命题内容和题材结构等名称，并已得到广泛的研究。

说话者说出句子是为了进行言语活动——提问、言事和允诺等。用句子来表示的言语活动直接或间接在其结构中反映出来。在进行言语活动时，说话者传达命题内容——指出客体、状况或事件以及他们言语活动中提到的事实。他们使用的句子表达命题，而这些命题则意味着客体、状况或事件，以及特定方面的事实。最后，说话者与他们的听话者合作慎重地使用他们的句子。在每个句子中他们指出已知信息和新信息，主语和谓语。简言之，句子的不同方面实现着不同的功能。

英国语言学家韩礼德认为语言有三种主要功能。①构思功能：即组织说话者或写话者对真实世界或想象世界的体验，也就是说，语言涉及真实的或想象的人、事、行动、事件、状况等。②人际功能：指出、建立或保持人们之间的社会关系。这种功能包括称谓言语功能和情态等。③话语功能：是创造内部紧密结合而适合特定使用情境的书面或口头的话语。

第二节　语用学概说

一、“语用学”术语的提出

语言学的许多思想都与哲学有关，作为语言学的分支学科，语用学的起源与哲学同样有着紧密的联系。语用学源于哲学家对语言的研究和探索。20 世纪西方哲学对语言研究的重视引发了哲学的一次重大转向，即“语言转向”。语言转向是哲学中的一次伟大革命，其根本特征就是对语言进行分析。20 世纪 30 年代，西方哲学家将研究的重点转向语言符号，开始了具有哲学意义的语言研究。

1938 年，美国哲学家莫里斯在其著作《符号理论基础》中首次使用了“语用学”这一术语。莫里斯在该著作中提出了符号学的“三分法”，即语形学、语义学和语用学三个分支组成。

语形学研究“符号之间的形式关系”；语义学研究“符号与符号所指对象的关系”；语用学研究“符号和符号解释者的关系”。莫里斯在 1939 年出版的《美学和符号理论》一书中将“解释者”改为了“使用者”。到了 1946 年，莫里斯在《符号、语言和行为》一书中，将语用学重新定义：语用学是符号学的一个部分，它研究符号的来源、用法及其在行为中出现时产生的作用。

莫里斯对符号学三个部分的划分得到了美国逻辑学家、哲学家卡尔纳普的支持。卡尔纳普认为：“如果一项研究明确地涉及语言使用者，我们就把它归入语用学的领域……如果我们从语言使用者那里只摘取一些词语及词语所指的对象来进行分析，我们就处于语义学的领域。最后，如果我们从词语所指对象中抽象出词语之间的关系来进行分析，我们就处于（逻辑）句法学的领域了。”该观点与莫里斯的早期观点相似。他们两人都认为语用学是研究符号和符号使用者的关系。

“语用学”（pragmatics）这一术语是莫里斯参照“pragmatism”（实用主义）和“pragmaticism”（实效主义）创造出来的。“pragmatics”有一个拉丁词根“pragma-”，该词根表示“行动、做”的意思。“从广义上说，pragmatics 指的是对人类有目的的行为所作的研究。如果做这种理解的话，或许该把 pragmatics 译为行为学更加恰当。”将“pragmatics”译为“语用学”只是对这个词语的狭义理解，是把这个词语置于语言研究这一特定的范围里所做的理解。

二、语用学的定义

（一）从语境角度界定语用学

联系语境研究语言是语用学研究的一个基本特征。任何语用学的定义如果不提及语境都是不完整的。从语境角度界定语用学重视探讨语境决定语言传达意义的方式，揭示同样一句话出现在不同的语境中会传递不同的意义。

考虑到语境的中心作用，有必要对其加以适当展开。语用学在原有认识基础上给语境概念赋予了一些新的认识。首先，语用学中对语境的界定很宽，可以包括情景或者物理层面、社交层面、心智层面和语言层面。正如卡明斯所指出的，在语用学中，“语境的概念超越了它作为客观场景（话语是在这样的场景中产生的）的明显展示，而且包括了语言的、社交的和认知的因素”。

语境的情景或者物理层面涉及交际发生的场景、环境和时空等因素。一些语言形式（特别是指示性或者指称性表达）的解读特别依赖于语境。语境的社交层面包括社交距离、社交角色和社交关系等。梅伊指出，语用学研究人类语言交际中决定语言使用的社会语境条件。

语境的语言层面，或者说上下文，指某一话语之前或者之后的话语（成分）。语用学赋予语境的另一个新认识是动态的，是在话语的生成和理解过程中被选择、调取或建构起来的，而不是事先存在的、固定不变的。对于构成语境的情景或者物理层面、社交层面、心智层面和语言层面，无论哪一层面都不是全部、事先地影响话语的产生与理解。语境是以语言使用者为指向的，不同的人对同样的语境的感受会不一样。说话人会选择这些层面的某一因素或成分参与话语的生成。同样，听话人也只是激活、利用这些层面中能够有助于当前话语理解的语境成分参与话语的理解。总之，语用学致力于研究动态语境的生成与作用，能够帮助人们更好地理解语言和语境之间的关系，而这种关系是解释语用理解的基础。

（二）从语言使用者角度界定语用学

“语言运用者视点”是确定语用学研究取向最为重要的一点。从说话人角度看，语用学是研究说话人意义的一门学科，关注人们说话的真实意图。由于说话人的真实意图有时不同于所说话语的字面意义，语用学又可以描述为一门解释交际中如何传达多于字面信息的意义的学问。从听话人角度看，语用学研究听话人如何通过推理获取说话人试图传达的意义（或不同于字面意义的意思）。

（三）从学科性质角度界定语用学

在这方面，来自英美国家的语用学家与来自欧洲大陆的语用学家存在很大差异，形成了所谓的“英美学派”和“大陆学派”。前者认为语用学是语言学中与音系学、句法学和语义学等并列的一个分支学科；后者尽管认同语用学是语言学的一个分支学科，但不认同这一学科与音系学、句法学和语义学等处于同一层面，而认为它是一种可以通过这些分支学科的功能性视角（功能性体现为社会的、文化的和认知的视角）进行观察的学科，也称“纵观”。在他们看来，语用学研究的语言使用是一种社会行为。鉴于语言与人类生活息息相关，研究语言使用的语用学可以将语言学和其他人文科学及社会科学联结起来。

综上所述，语用学作为语言学研究领域中的新兴学科，其典型特征之一是将语境和语言使用者在言语交际中的作用纳入语言分析之中；典型特征之二是认为交际不仅涉及编码和解码，在有些情况下会更多地依赖于受原则支配的推理。这在很大程度上解释了为什么说话人的意思有时候被部分地或错误地解读。语用学界定方式的多样性，体现了研究者对语言使用不同层面的关注，反映了不同语用学家的不同研究取向。

三、语用学产生的语言学背景

人们对语言使用的研究由来已久。古希腊有对论辩、演说的研究。中国的春秋战国时期，在学术思想上出现了百家争鸣的局面。为了在辩论中取胜，各学派都注重辩论术的探讨和研究。但是，当时的研究目的并不是为了单纯地探讨语言的使用，对语言使用的研究更多的是为了服务其他领域，而且研究也缺乏一定的系统性。只有将语言使用作为真正的研究对象，才能说明对语言使用研究的目的不再仅仅是为其他领域的研究提供服务，而是为了揭示语言使用的规律。也只有在将语言的使用作为真正的研究对象之后，才能说明对语言使用的研究成了一门独立的学科。

语用学是语言学的一门新兴学科，其作为语言学的一门独立学科的地位，直到20世纪70年代才得以确立。语用学的研究虽然有着哲学渊源，但是它的起源和发展也是现代语言学研究不断深入、研究范围不断扩大的结果。

瑞士语言学家索绪尔是现代语言学的奠基人、结构主义语言学的先驱，其代表作《普通语言学教程》是现代语言学形成的标志性著作。该书探讨了语言的符号性质、共时性语言学、历时性语言学、地理语言学等问题，其中最为重要的是区分了“语言”和“言语”。

索绪尔区别语言和言语是为了明确语言学的研究对象。他认为，语言学的研究对象是“语言”而不是“言语”，因为“语言”是一个有规律的符号系统，而“言语”却不是。人们使用语言的行为以及说出来的话语都属于语言现象，而不是语言本身。语言现象是纷繁复杂的，但是每个人在说话时所选择的材料，以及这些材料的构成和组合规则都是有规律的。语言学研究的语言就是由这些材料和规则构成的符号系统。无论是哪种语言，它的材料和规则都是同一语言社会中人们所理解和接受的。因此，只有语言才经得起科学严谨的分析。现代语言学的任务就是分析语言，研究语言的性质和规律。

索绪尔的语言学理论对后续的语言学研究产生了重大影响。哥本哈根学派、布拉格学派、美国描写语言学派均受到了索绪尔的影响。他们把语言视为一个封闭的系统，对语言的研究不考虑语言的使用者和语境，仅限于语言符号系统本身，将语言的使用排除在语言研究的范畴之外。

20世纪50年代后期，美国语言学家乔姆斯基提出了转换生成语法理论。他关注人们的语言能力，认为说某种语言的人在听了一些句子之后，可以创造出一些他没有听到过的句子。在该理论中，句法部分最为重要，其核心是如何生成合乎句法规则的句子。

从结构主义语言学到转换生成语法，它们对语言学的研究均做出了巨大的贡献，但是也要看到它们的不足。语言是人类最重要的交际工具，只研究语言结构和语言能力，不研究语言的使用是不全面的。语言的使用必然涉及语言的意义，只研究语言结构和语言能力，不重视语义研究同样是不全面的。因此，将语言使用和语言意义排除在外的语言研究是不全面、不科学的，它会给语言研究带来难题。面对这些难题，语言学家只能束手无策。

四、语用学的发展

1938 年，莫里斯提出了语用学，并为它划定了一个大致的范围，即“语用学是研究符号与符号的使用者之间的关系”。换句话说，语用学是研究语言跟语言的使用者——人之间的关系。语言跟人之间的关系可以是多方面的，可以是心理的、社会的、语言的、哲学的，等等。莫里斯指的哪一方面？不清楚，又似乎都有联系，所以一开始，心理学家、社会学家、语言学家、哲学家都来研究语用学，语用学包罗万象。很快学者们意识到了问题：到底什么是语用学，各家各派都站在自己的研究角度来阐释语用学，甚至语用学都没有一个统一的、大家都认可的定义。由于它太杂了，这种情形被瑞典语言学家沃尔伍德比作了“杂物箱”；然而它又的确十分重要，必须认真对待。学者们开始把语言学意义的语用学从“杂物箱”中分离出来，建立起一个狭义的语言学意义的语用学，让它不属于心理学，不属于社会学，也不属于哲学。

改变语用学“杂”的时间一般认为是 1983 年。之所以说改变语用学“杂”的时间为 1983 年，是因为这一年出了两本优秀著作，一本是英国语言哲学家列文森的《语用学》，另一本是英国语言学家杰弗里 · 利奇的《语用学原则》。尤其是列文森的《语用学》，是一本导读性的教科书，通俗易懂。它一出版，就受到学界广泛好评，被公认为可以跟英语的一系列教科书，如音系学、句法学、语义学的标准课本媲美。此书的出版可以说是一个里程碑，标志着语用研究领域的框架已经形成。该书总结了以前十多年语用研究各个方面的成果，在此基础上归列出了语用研究的主要题目，勾画出该领域的轮廓。该书无疑是语用学研究的一部经典，具有不可低估的奠基意义。一门学科有广受好评的标准教材，意味着这门学科的研究对象、研究范围和研究方法等都有了比较明确的框架轮廓。在这样的条件下，语用学作为语言学意义上的独立学科毋庸置疑了。

从 1983 年至今，语用学就其广度而言，已经派生出了社会交际语用学、跨文化语用学、语际语用学、教学语用学、认知语用学、民族语用学等专门领域；就语用层面讲，语用学除了继续研究指示语、言语行为、语用原则（包括合作原则和礼貌原则等）、预设、会话结构、荷恩等级关系外，还开拓了语言活动类型、原型理论、语用模糊现象、语用策略等新课题；就深度而言，对语用原则的研究呈现扩展、深化的趋势，如利奇的礼貌原则和其下的次准则就是对合作原则的修订，斯帕伯和威尔逊构想的关联理论力图提出更清楚、更有效以及更一致的解释交际现象的语用原则，列文森的新格赖斯语用机制则是从会话双方去解释话语的一般含义，以拓展语用原则的运用范围；就其研究方法而言，也因为其研究内容的日益广阔而多元化起来。

五、语用学和语义学

语义学和语用学都是语言学的一个重要分支学科，然而它们之间的关系问题一直是语言学界争论的问题之一，至今仍是众说纷纭、观点不一。对它们关系的探讨，不仅能看清它们之间的联系与区别，而且也有助于加深对语用学的认识。语义学和语用学的共同点在于，它们都研究语言的意义，这也许就是这两门学科存在划界问题的原因。从“意义”出发去探讨是一个不错的选择。

什么是“意义”？围绕该问题，语言学家、逻辑学家、哲学家、心理学家等都展开了各自的研究。20 世纪以来，已经发展出各种有关“意义”的理论，如意义的指称论、意义的真值条件论、意义的行为论、意义的用法论等。相对于“意义”的“内涵”来说，学者更关注“意义”的“外延”。语言文字所表示的意义不是单一的。从语言研究出发，语言文字至少可以表示两个不同层次的意义，这两层意义分别构成了语义学和语用学的研究对象。学者所关心的便是语义学和语用学在意义研究上的分工。

语义研究大体上可分为三个阶段，即训诂学时期、传统语义学时期和现代语义学时期。训诂学时期主要是对古书字句做解释，没有对语义进行独立、系统的研究，更没有提出语义学的基本理论。20 世纪 20 年代以后，语义学发展到传统语义学时期，其研究语言形式与其所指代的现实世界之间的关系等问题，如一词多义、同义关系和反义关系等。现代语义学则提出了“语义场”理论，为语义分析提供了新的方法。

传统语义学将“意义”视为语言文字本身所固有的，这种意义是内在的、固定的，它不会受到外界因素（如时间、地点等）的影响。语用学则不同。根据莫里斯的理论（语用学研究符号和符号使用者的关系），语用学将语言文字本身的意义和它们的使用者联系起来，除了要弄清一个词、一个句子本身的意义以外，还要进一步弄清是谁在什么时间、什么地点、在什么情况下、对什么人、出于什么目的而使用了这个词或句子。换句话说，语用学还要研究词或句子在特定语境中的交际价值。

总的说来，语义学和语用学的共性在于它们都研究意义，区别在于它们研究的角度不同。语义学研究的意义是语言本身的意义，具有抽象性，它是通过语言符号来表达的独立于语境之外的意义；语用学研究的意义则是一种具体的、在一定的语境中使用时所体现出来的意义，它往往体现出说话人的意图。

利奇指出，关于语义学和语用学的关系之争，可以概括为以下三种观点：第一，语用学应归入语义学；第二，语义学应归入语用学；第三，语义学和语用学是不相同、但又是互相补充的研究领域。

第一种观点主要以20世纪60年代后期兴起的生成语义学派为代表；第二种观点主要以维特根斯坦、奥斯汀等语言哲学家为代表。利奇表明他采用第三种观点，这也是目前人们普遍认同的一个观点。

首先，从二者的研究对象来看，它们虽然都研究意义，但如上所述，语义学和语用学是在不同的层面上来对意义进行研究，这是二者明显的区别。其次，从二者的相互关系来看，它们的确是互为补充的。第一，语义研究和语言运用研究是紧密相关的，这一点却被语义学所忽视，其直接导致了语义研究遇到许多难题，而这些难题在语用学理论中得到了解释。因此，语用学常被比作为语义学的“垃圾箱”是不无道理的。可以说，语用学的出现是语义研究、发展和延伸的结果。第二，虽然语义学和语用学对意义的研究并不在同一个平面上，但是它们却有着紧密的联系。语义学对意义的研究是最基本的，语用学研究的意义不能脱离语言本身的意义。

六、语用学的研究维度

（一）理论语用学

理论语用学研究语言使用的基本问题，如语言使用的实质，语言使用与世界的关系，语言使用的意义，语言使用的条件，语言使用（包括表达与理解）的机制，语言使用与语境的关系，语言使用与心理、认知、社会等的关系。

1. 哲学语用学

哲学语用学关注的是语言使用的实质、语言使用与世界的关系、语言使用的意义以及语言使用的条件等根本问题。语用学中第一个主要理论即为言语行为理论，其由英国著名的哲学家奥斯汀于20世纪50年代后期率先提出，并由他的美国学生、同样是语言哲学家的瑟尔于20世纪六七十年代进一步丰富和发展。言语行为理论回答了语言使用的实质问题："说话就是做事。"对于语言使用与世界的关系，很多哲学家认为语言是用来表征世界的。然而，人们使用语言时经常不仅仅局限于做出关于世界的真实或虚假的陈述。

2. 语言语用学

(1)语用语言学

语用语言学研究语言本身的语用问题，考察语言(包括语汇、结构等)的语用属性及其与语境的关系，探讨相同或相似的语言结构在不同语境下所执行的不同语用功能，描述实施特定言语行为或执行特定语用功能所能运用的语言资源。

(2)社交语用学

社交语用学又称人际语用学，涉及语言使用的社会维度，探讨诸如权势关系、情感距离、交际场合的正式程度、职业、年龄、性别、种族、信仰等各种社会因素如何影响语言交际方式，考察语言使用如何实施(人际)关系工作。社交语用学中的一个重要话题是礼貌问题，由此产生了礼貌原则以及面子理论。

3. 社会语用学

与社交语用学主要关注人际交往中的语言技巧和策略不同，社会语用学研究语言在社会公共环境中的使用情况，探究政治、外交、经济、文化、教育、商业等因素对语言使用的制约和影响。例如，对不同行业使用语言(如医学语言、法律语言、经济语言、政治语言、广告语言等)的情况进行研究，就属于社会语用学的范畴。特别值得一提的是批评语用学研究，该领域关注各种社会语用问题，如话语歧视、语言欺诈、语言粗俗、语言暴力等。当然，社会语用学家的任务绝不是指责，而是引导，使社会用语朝健康的方向发展。开展社会语用学的研究对语言规范建设，促进社会的政治、经济和文化的发展都有不可低估的作用。此外，从语用学视角审视国家的语言规划和语言政策等，也可以看作社会语用学的一个研究内容。

4. 认知语用学

认知语用学关注语言交际的认知维度，分析和阐释话语的理解过程、机制、参与因素、影响因素等。认知有关的关联理论是认知语用学中最有影响力的理论。根据这一理论，人们之所以能够成功地进行言语交际，不断认知对方的交际意图，是因为交际是一个认知过程，是一个说话人明示、听话人推理的过程。而无论说话人明示还是听话人推理都遵循同样的关联原则：说话人不会让听话人付出不必要的努力；听话人认为说话人使用的话语方式传递了自身最佳关联的假定，与说话人的意愿、能力和偏好一致，自己为处理该话语付出的加工努力与自己获得的认知效果相称。

5. 跨文化语用学

跨文化语用学研究人们使用英语进行跨文化言语交际过程中出现的语用问题。随着全球化的不断深入，国际流动性不断增强，来自不同文化背景的交际者越来越频繁地接触和交流。这里有两种主要情形：一种是外语使用者与该外语的本族语者之间的跨文化交际，另一种是双方都为外语（如英语）使用者的跨文化交际。在两种情况下，母语的文化特征或多或少会影响跨文化言语交际。

（二）应用语言学

应用语用学关注语用学理论在与语言活动相关领域中的应用。从文献来看，应用语用学主要涉及语用学在下列领域中的应用。

语用学在教学中的应用，形成了教学语用学这一应用语用学分支。主要话题包括语用知识是否可教、如何发展学生的语用能力、如何开展语用教学、如何进行语用测试等。

语用学在二语习得中的应用，形成了语际语用学或中介语语用学或习得语用学。主要话题包括语用迁移、语用失误和语用能力发展路径等。

语用学在母语习得中的应用，形成了发展语用学，考察儿童如何逐步获得母语的语用规则和原则、如何礼貌行事、如何发展语境意识等。

语用学在翻译中的应用，形成了语用翻译论，主要包括两个维度的研究：一是从语用学角度重新审视翻译的本质、过程、标准、策略等，二是在翻译过程中对源语中各种语用意义的处理。

语用学在商务交际中的应用，主要考察在各类商务交际中如何依据语用学相关理论（特别是礼貌理论）进行得体、有策略的沟通，实施特定的言语行为（如申诉、询价和拒绝等），从而最佳地实现商务交际目的。

（三）跨学科语用学

跨学科语用学指的是发生在语用学与一些相关学科之间的交叉学科。与应用语用学强调语用学理论在特定领域中的应用（换言之，语用学是理论输出学科，特定领域是理论输入对象）不同，跨学科语用学关注语用学与相关学科或领域中的交叉问题，在解决相关问题时同时采用语用学和自身学科理论。例如，在法律语用学中，研究者需要考虑法律语篇或交际话语中特定语用问题可能带来的法律后果，研究者需要同时开展语用学分析和法学分析方可对该问题给予充分回答。

（四）界面语用学

界面语用学在文献中一般专指语用学与语言学其他分支学科之间的研究，如语用学与句法学的界面研究、语用学与语义学的界面研究、语用学与语音学的界面研究、语用学与词汇学的界面研究、语用学与形态学的界面研究等。界面语用学研究与欧洲大陆语用学派所持的语言各个层面都有语用因素沉淀的观点是一致的，这类研究是语用学作为语言学研究最为典型的方面，具有良好的研究前景。

七、语用学的理论意义和实用价值

语用学经历了一个从哲学研究到语言学研究的发展历程。随着语言学研究的深入，人们逐渐意识到，有的语言现象需要从语用学的角度才能得出满意的解释。语用学不是从语言系统内部（语音、词汇和语法等）出发去研究语言现象，而是以动态视角，结合语言系统的外部，即从具体的语言运用环境来描写、分析和解释语言现象。因此，语用学推动了语言学研究由静态走向动态的发展，使研究更加接近言语事实，从而增强了研究的深刻性和实用性。从理论意义上来说，语用学的出现开启了语言学研究的新视角，为语言学提供了新的研究课题，拓展了语言学的研究范围，丰富了语言学研究的内涵。语用学自身的学科特点也决定了其独特的实用价值。

首先，从科学研究出发，语用学为语言学研究提供了新的语言学理论和语言学研究方法。索振羽在其著作《语用学教程》中谈到了语用学的研究方法，他认为语用学的研究方法可以分为三种不同的类型。

第一，纯语用学。纯语用学又称为形式语用学，它是语用学的形式理论，注重形式化的语用分析。例如，蒙太格的“蒙太格语法”就是按照形式语义学的模型理论，进行纯语用学的研究。真正的形式化方法是近代随着数学的发展而形成的，它对现代逻辑、数学和计算机科学的发展起着重要作用。

第二，描写语用学。描写语用学致力于描写自然语言的语用现象并揭示其背后的原因和规律。具体说来，它以具体语境中的自然语言为研究对象，分析其在语境中的恰当表达和准确理解，寻求并建立自然语言表达和理解的语用原则，提高人们的语用能力。

第三，应用语用学。应用语用学运用语用学的理论来解决其他学科领域与语用相关的问题,其研究范围较为广泛,如演讲与语用学、辩论与语用学、翻译与语用学、语言教学与语用学、人工智能与语用学等。应用语用学为语用学开拓了广阔的应用空间。

其次,从日常的言语交际出发,语用学提供了语言使用的理论、方法以及语言使用应该遵守的原则,有利于人们语用能力的提高。语用过程是双向的,既涉及说话人的表达,也涉及听话人的理解。因此,要使用好语言,应该既做到"善达己意",又要做到"善解人意"。

"善达己意"即要善于将自己话语的内容表达清楚,让受话人听明白。从语用学角度看,"善达己意"是指发话人根据不同的语境,将自己的意图选用恰当的言语形式表达出来,强调话语表达的恰当性;反之,如果在言语交际中不能"善达己意",不仅会让发话人自己感到无辜和委屈,还会让受话人感到不适与不快。

"善解人意"即要善于理解发话人话语的用意。从语用学角度看,"善解人意"是指受话人根据发话人话语的意义以及语境,来推导出发话人话语的准确含义,领悟其话语的真正意图。在言语交际中,恰当地表达自己的意思和准确地理解他人的含义是同等重要的。语用学为"善达己意"和"善解人意",提供了有效的理论、原则和方法,有助于取得良好的交际效果。

第三节　高校英语教学的影响因素

一、学生

(一)智力因素

智力因素是一个十分复杂的因素,不能把智力因素简单归结为智商高低的差别。外语教学中,尤其是在大学公共英语教学中,涉及的学生数量十分庞大,学生的智力状况差别也是巨大的。除了天生的智商差别外,还有很多其他因素。例如,智商大致相同的学生中:有的更擅长逻辑推理;有的更擅长画面思维;有的对发音有天分而对语法接受能力较弱;有的对语法有着较强的理解和记忆能力,但在口语方面却略逊一筹。教师在进行班级划分时,本着因材施教的原则,要尽量将智力状况接近的学生分到相同的班级。

（二）非智力因素

前文提到的智力因素往往是天然的、难以改变的，但是这里提到的非智力因素的成因却更为复杂，社会的、家庭的、心理的影响都会改变学生的非智力因素。

首先，动机是非常重要的非智力因素。学生的学习动机是存在差异的。学生如果有留学或移民意向，那么出于生存的必需，学习动力十分强烈。学生如果为了获得四、六级证书以便在未来的择业中占据优势，那么往往表现为对读写知识的重视超出于对听说知识的重视。学生如果是非功利性的，出于兴趣而学习，那么往往会在课堂中表现活跃，发言积极。学生如果仅仅为了取得大学毕业证书，也就是说仅仅为了考试及格而学习，那么往往表现为课堂上的怠惰和考前的突击。

其次，性格也是对外语习得影响较大的因素。学生的性格有的外向，有的内向。国内外学者就性格对语言习得的影响做了较多研究，大致认同的观点是：性格外向的学生，爱交流的特点会给他们带来更多的输入和输出的机会，从而使外语水平有所提高，他们胆子更大，不怕犯错，享受交流过程，因而口语水平提高更快。这样的学生口语优势与听力水平是相互促进的。他们的弱势往往体现在读写方面，读写类学习需要更多的耐性和细心，在这两方面一般性格内向的学生做得更好。

再次，期望的不同也会对外语学习产生影响。学生对外语学习的期望决定着他们的努力程度。

最后，学习习惯。学生的学习习惯是在其小学、中学的漫长学习生涯中逐渐养成的，到了大学阶段，已经趋于固化，很难改变，这会对他们的大学学习产生根本性的影响。学生能否合理安排时间，能否理性地自我控制，决定着他们能否顺利地习得外语知识。

二、教师

英语教师是英语课堂的主持者，教师掌控课堂的教学质量、学习进度、学习方式及学习氛围。一个合格的教师，应该在传授知识的同时，充分地掌控、引导课堂，使其向良性氛围转化。对教学产生影响的教师因素主要有以下几个方面。

（一）教育背景

教师的学识是影响其教学质量的首要因素。学识不单取决于其学历，学历高的教师也需要时时更新知识，学历低的教师也有可能通过自身的努力获得渊博的知识。一位教师的学识决定着其授课内容是否精准。一位合格的高校英语教师必须具备良好的英语语言知识技能，包括良好的发音、流利的口语、丰富的词汇、精准的语法及充足的语用知识。教师良好的语言素养对学生而言是榜样，是风范，能够激发学生的学习欲望和学习信心。

值得注意的是，教师的学识必须是多方面的，一位好的学者未必是一位称职的教师。作为一名教师，除了本专业的知识外，教育学理论、心理学理论也是从业的基本需求。这些决定着其授课方式是否恰当，对学生心理是否能够掌握。虽然在教师资格证的考核中对教学能力和教育心理已经进行了考察，但那只是基本要求，若要在实际教学中恰当运用教育学及心理学知识，还需要一点一滴地在实践中积累经验。在当今科技时代，英语教师的知识储备中还必须包括多媒体授课知识，让课堂图文并茂、视听并重，是吸引学生的良好途径。随着时代的发展，对教师的知识结构会提出不同的要求，每位教师都要与时俱进。

（二）教学风格

教师所教授的学科不同、教师个人的性格不同，往往其教学风格也不同。理科以严谨为重，而文科却以博彩见长。同样是教授英语知识，讲解语法和讲解西方文化所需要的课堂氛围也是不同的。教师的教学风格决定其课堂魅力，决定其课堂氛围。学生往往喜欢性格开朗、语言幽默、思想活跃、视野开阔的英语教师。教师要做到语言幽默而不失严肃，要旁征博引而又详略得当，思维活跃而又脉络清晰是一项十分艰巨的任务。教师需要对教学内容和学生心理有着良好的掌控，也需要具备良好的沟通能力。

（三）教学态度

教师的教学态度对其课堂质量的影响也是不言而喻的。一位敬业的老师必然会进行充分的课前准备，其教学内容将翔实而有吸引力；而一味怠惰的老师往往照本宣科，那么这样的课堂也必定空洞乏味，这对学生的学习热情是一种打击。

（四）道德修养

教师的道德修养主要体现在职业道德和职业责任心这两个方面。具有良好道德修养的老师要通过自己的一言一行，向学生渗透正确的人生观、价值观和道德观。教学未必是一帆风顺的道路。当教师与学生发生言语冲突、利益冲突时，教师要处处以教育为重、以学生为重，不能处处计较个人得失。

同时，教师必须有强烈的责任感。在当今社会，高校英语教师肩负的责任是多重的。首先是教书育人的责任，高校英语课程既是学生学习语言技能的窗口，也是学生了解西方世界的窗口，高校英语教师肩负着传播语言知识与传播跨文化沟通技能的责任。另外，作为大学教师，必须要肩负学术研究的责任，大学教师是社会学术研究的中坚力量，肩负着推动社会学术进步的责任。

三、学校层面

（一）教学内容

教学内容就是通常所说的“课程”。英语学科的教学内容要素可以说是当代英语教学活动中最具有实质性特点的要素。该要素包含以下三大内容：①国家规定的具体教学计划；②教学大纲；③教科书的总称。这一要素对学习者在具体的教学实践活动中所应掌握的语言知识、语言技能体系以及思想政治方向都有明确的规定。正因为有了对教学内容这一基本要素的明确规定，英语教学活动才具有了自身特殊性的对象。教学内容具体指的是学校培养学生在德、智、体、美、劳这几方面都能得以发展的基本活动内容，同时也是学校实现其教育目的和培养合格人才的重要保证，更是学习者实现其各项素质全方位发展的重要条件。

（二）教材

教材是课程的载体。高校英语教材的选择体现着课程的教学目标、教学理念及教学方法。首先，合理的教材必须是规范的，所谓规范是指内容准确权威可靠、结构科学。其次，教材的选择要符合学生的适应能力。就高校英语而言，如今高校之间流行的教材有很多，根据学生的水平选择难易适中的教材很重要。再次，教材的选择要符合教学目标。英语作为一门语言。其内容之广博非一套教材所能涵盖，具体讲授哪些知识，取决于教学目标。最后，必须注意的一点是，语言是动态的、发展的，所以英语教学材料更新较快。

（三）教学条件

影响英语教学质量的教学条件主要是师资力量和硬件条件。师资是否充沛是影响教学的关键因素，师资充沛的学校有条件实现小班授课，这对语言教学来讲十分重要。硬件条件主要包括：教室数量，如学生是否配备专用教室；多媒体设备，如学生是否有设备欣赏影音资料，英语课堂上能否享受多媒体授课，是否有充足的语音室；资料储备，如是否有充足的影音资料和书籍储备等；网络设施，现在的英语教学离不开网络，很多教学环节是基于网络平台完成的。

（四）教学环境

教学环境既包括学习环境、课堂环境和学校环境，也包括社会环境。一个学校校风建设的好坏，学风建设的好坏都影响着学生的学习质量。对于英语教学而言，社会大环境是否有助于推动学科发展也影响着教学效果。在中外沟通频繁的今天，社会的发展迫使学生和学校重视外语，这是教学学科发展的良好时机。

（五）学校政策

大学英语教学摆脱不了学校政策的束缚。英语教学的展开需要学校多个部门的配合，例如，教务处、学工处和校团委等。积极的学校政策可以为英语教学的发展提供肥沃的土壤，学校政策上的倾斜包括以下几个方面。

（1）对英语课程的重视程度。英语课时量的充足，英语选修课的开设，英语学分设置，四、六级证书与毕业证书的关联度等决定着英语教学的质量，也决定着学生对英语课程的重视程度。如果课时量充足，则教学内容丰富；英语选修课的开设能够满足学生的学习兴趣；英语课学分的设置则影响着学生对课程的重视程度。学分设置高，学生重视程度高；有的学校只给通过四级考试的学生颁发毕业证书，这无疑会加强学生对英语的重视，而有的专业，如国际贸易，甚至要求学生有六级证书。这些政策的制订都与英语教学息息相关。

（2）资金的投入。资金的投入则会影响软硬件的质量。例如，在资金投入充足的情况下，学生们可以开展各类英语竞赛、英语表演活动，还可以建设英语电台，请相关专家来讲学等。

（3）师资培训。学校对英语师资培训的支持力度决定着英语教师的成长。英语教师是否能够获得足够的进修及参与学术交流会议的机会，对其职业能力的成长影响很大。理想状况下，英语教师除了具备硕士、博士学历外，还应该有海外留学经历，只有在真实的英语环境下才能掌握真正地道的语言和文化。

第二章　高校英语教学的理论基础

英语教学的理论基础是开展高校英语教学的基础条件，只有掌握了英语教学的理论基础，才能确保课堂教学质量。本章主要阐述高校英语教学的基本关系、高校英语教学的理论基础以及高校英语教学开展的原则三部分，主要内容包括英语与汉语之间的关系、教师与学生之间的关系、英语教学与教育学理论、二语习得理论等。

第一节　高校英语教学的基本关系

一、英语与汉语之间的关系

汉语是中国人的母语，学生在开始学习英语时已经能够比较好地使用汉语进行交际。也就是说，他们已经掌握了一定量的汉语词汇和基本语法，具备了使用汉语进行听说和读写的能力。而英语是他们作为一门外语来学习的目标语。在谈到母语和目标语之间的关系时，人们经常谈到的是“迁移”的问题。迁移本来是一个心理学术语，是指学习过程中学习者已有的知识或技能会对新知识或技能的获得产生影响。20 世纪 50 年代，语言教学研究吸纳了迁移理论，认为母语迁移会影响外语学习。

迁移是外语学习者经常采用的一种学习策略，它指学习者利用已知的语言知识，去理解新的语言，这种现象在英语学习的初级阶段出现得最为频繁，因为学习者对英语的语法规则还不熟悉，此时只有汉语可以依赖，汉语的内容就很容易被迁移到英语之中。如果母语对目标语的学习起到了积极的影响，这种现象被称为正迁移；反之，如果母语对目标语的学习起到了消极的影响，则被称为负迁移。

在迁移现象的研究中，有三种主要的理论，包括对比分析假说、标记理论和认知理论。对比分析学派认为母语和目标语的差异会导致负迁移的发生。除了母语和目标语的异同之外，在考察语言的迁移问题时，还要考虑母语在什么阶段、在什么条件下影响目标语的学习。这里要提及两个重要的非语言因素对母语知识何时会干扰第二语言习得的过程起着决定性作用：一是环境，二是学习阶段。从学习阶段来看，在初学阶段，学习者由于缺乏足够的目标语知识，在表达中往往更多地依赖母语，因此这一阶段有可能较多地出现母语知识的负迁移。中国学生在学习英语的过程中，语言迁移表现在语音、词汇和语法等各个层次上。

（一）语音迁移

语音迁移是语言迁移中最为明显也是最为持久的现象。人们普遍认为第一语言对第二语言习得具有很强的影响，最为明显的证据就是第二语言学习者的外国口音。英语和汉语分属不同的语系，两者在语音方面存在很大的差异。第一，汉语是一种声调语言，用四声辨别不同的意义；而在英语中，语调起着非常重要的作用，这一点很容易给具有北方方言的学生造成特殊的语音语调的困难。第二，英语和汉语的音素体系差别较大，两种语言中几乎没有发音完全一样的音素。

（二）词汇迁移

初学英语的人很容易认为英语和汉语的词汇存在着一一对应的关系，每个汉语词汇都可以在英语中找到相应的单词。其实，一个单词在另一种语言中的对应词可以有几种不同的意义，因为它们的语义场不相吻合，呈现重叠、交叉和空缺等形式。例如，汉语中的“重”一词在英语里有“heavy”与之对应，但是“heavy”的意义与“重”一词并不是完全吻合的。在英语中，可以发现许多表达方法并不是汉语中的一个“重”字所能解决的。初学英语的人往往会把汉语的搭配习惯错误地移植到英语之中，于是出现了许多不合乎英语表达习惯的句子。英汉两种语言文化的差异也会导致两种语言词汇意义的差异。除少量的科技术语、专有名词在两种语言中意义相当之外，其他词汇的含义在两种语言中都或多或少存在着差异，这些差异都有可能导致负迁移现象的发生。

（三）句法迁移

句法就是组词造句的规则，也就是传统所说的语法。英、汉两种语言在句法方面有一些相同之处，同时也存在着很大的差异。首先，汉语是一种分析性语言，没有严格意义上的形态变化，主要通过词序和虚词的使用来表达各种句法关系。英语和汉语的这种差异很容易导致中国的英语学习者的困难，尤其是对于初学者来说，他们很容易受到汉语的影响，在使用英语时忘记词汇形态的变化。例如，名词的单复数、代词的主格与宾格形式和动词的时态变化等。其次，英语重形合，句子中的词语和分句之间常通过语言形式手段（如关联词）来表达意义和逻辑关系；汉语则重意合，其意义和逻辑关系往往通过词语和分句的意义表达。受此影响，中国学生在使用英语时常按照汉语的习惯只是简单地把一连串的单句罗列在一起，不用或者很少使用连词。另外，英语和汉语在静态和动态方面也呈现出一定的差异。英语多倾向于用名词，因而叙述呈静态，而汉语多用动词，其叙述呈动态。英语名词化的特点使许多中国学生感到不适应，在写作中这一点表现得最为突出。

迁移并非总是坏事。有时候，由于英、汉两种语言之间存在着很多相似或者吻合的地方，中国学生在学习英语时可以利用已有的汉语知识，促进英语的学习。例如，汉语中的形容词都位于它所修饰的名词之前，而英语也同样如此，当学生学习了 beautiful 和 flower 两个词之后，就会很自然地说出“a beautiful flower”。英语和汉语句子结构的相似性也使得正迁移成为可能。

二、外国文化与中国文化之间的关系

语言与文化密不可分，语言具有丰富的文化内涵，英语学习中有许多跨文化交际的因素，这些因素在很大程度上影响英语的学习和使用。文化是指所学语言国家的历史地理、风土人情、传统习俗、生活方式、文学艺术、行为规范、价值观念等。它不仅包括城市、组织和学校等物质的东西，而且包括思想、习惯、家庭模式、语言等非物质的东西。

语言与文化具有密切的关系，这主要表现在三个方面：第一，语言是文化的重要组成部分。从文化的内涵来看，文化包括一个民族在长期的历史进程中创造的物质财富和精神财富两个方面，而语言正是精神财富的一个部分。第二，语言是文化的载体，因此它也是反映文化的一面镜子。语言反映一个民族的文化，解释该民族文化的内容。透过一个民族的语言，我们可以对该民族的文化具有全面的了解。第三，语言与文化相互影响、相互作用。因此，理解语言必须了解文化，理解文化必须了解语言。

语言具有丰富的文化内涵，不具备文化内涵的语言基本上是不存在的。在一种语言中，从单词到语篇都可以体现文化的内涵。首先在单词的层面上，英、汉两种语言具有很大的差异，还有些词只存在于英语中，在汉语中则没有相对应的词。另外，在英、汉两种语言中，某些词语看起来似乎指代同一事物或概念，其实不然。例如，service station 不等于“服务站”，而 rest 也不等于“休息室”。同时，某些事物或概念在一种语言中只有一两种表达方式，而在另一种语言中则有多种表达方式。例如，汉语有一个复杂的词汇系统表示各种亲戚关系，有姑妈、姨妈、舅父、外祖父、外祖母等各种词汇，而在英语中相关的表达方式要简单得多。对于某些词汇来说，英、汉的基本意义大体相同，但是派生意义的区别可能很大。在短语、成语、谚语、俗语这个层面上，英、汉两种语言也体现出很大的文化差异，尤其是成语的问题更为复杂。

英、汉两种语言的文化差异还反映在日常谈话之中。在中国两个熟人相见，经常用“上哪去啊？”打招呼，直译成英语就是“Where are you going？”用这句英语来打招呼，大部分英语国家的人听了会不高兴，他们的反应很可能是“It' none of your business！”这句话译为“不关你的事”。人们在分手时通常说“Good bye”之类的话，而按照中国的习惯，在说“再见”之前，往往还要有一番客套语，如“走好”“慢走”等，这些说法不能直接翻译成英语，否则听起来会让人感到很别扭。在英语国家，人们常常用名字直接地称呼别人，如Tom、Michael、Linda等，即使年龄悬殊的人之间也可以这样称呼，但是在中国就不能这样做，汉语中的称谓要比英语复杂得多。听到别人赞扬，美国人和中国人的回答也大不相同，美国人一般表示接受赞扬，而中国人则一般表示受之有愧。

英、汉两种语言文化的差异也可以导致文化迁移现象的产生。文化迁移是指由于文化差异而引起的文化干扰，它表现在跨文化交际中或外语学习时，人们下意识地用自己的文化准则和价值观来指导自己的言语和思想，并以此为标准来判断他人的言行和思想。文化的内涵分为三个层次：第一个层次是物质文化，它是经过人的主观意志加工改造过的；第二个层次是制度文化，主要包括政治及经济制度、法律、文艺作品、人际关系、习惯行为等；第三个层次是心理层次，也称观念文化，包括人的价值观念、思维方式、审美情趣、道德情操、民族心理等。

根据这一分类，戴炜栋和张红玲把文化迁移分为表层文化迁移和深层文化迁移两种。第一和第二层次的文化迁移大体属于表层文化迁移，因为这些文化要素是容易观察到的，人们稍加注意就可以感觉到不同文化在这些方面的差异。深层文化迁移是指第三层次中文化要素的迁移，由于它属于心理层次，涉及人们的观念和思想，所以在跨文化交际中不容易被注意到。

与语言迁移相比，文化迁移更容易给学生造成交际的障碍，因为本族文化根深蒂固，人一生下来就受到本族语文化的熏陶，其言行无一不受到本族语文化的影响与制约。与语言迁移类似，文化迁移也有正负迁移之区别。刘正光和何素秀指出：“以往关于外语学习中的迁移理论在对待母语以及母语文化的干扰问题时，对负干扰研究得较多、较透彻，同时，对负迁移的作用也有夸大之嫌。”因此，外语文化教学中也不能忽视母语文化的教学。

首先，教授和发现影响传递信息的各种文化因素（包括语言的和非语言的）必须以英语学习者的母语文化，即汉语文化为比较对象，只有通过两种文化差异的比较才能找到影响交际的各种因素。通过比较可以发现和确定哪些目标语文化知识是教学的重点、难点，从而在教学中做到有的放矢，提高单位时间内的教学效率。

其次，英语教学不仅是介绍和引进国外文化、知识、技术、科学等的人才，同时也担负着中国文化输出的任务。在进行西方文化知识教学的过程中，如果忽视中国文化的教学，甚至还有可能造成自卑、媚外的心理，以致不能以平等的心态与对方进行交际，造成跨文化交际的心理障碍，从而影响跨文化交际能力的培养。

此外，充分掌握汉语与汉语文化也是英语学习和英语交际能力的重要组成部分。我国外语界和翻译界的老前辈们的治学经历就很好地说明了这一点。王佐良、许国璋、周压良、李赋宁等英语界泰斗的成绩在很大程度上得益于他们深厚的汉语与汉语文化的根底。许多著名的翻译家，如钱钟书、巴金、鲁迅、叶君健、杨宪益、萧乾等，他们本身就是中国文学作家，他们的译作水平也达到了很高的境界，这在很大程度上也是因为他们本身就是中国文化专家。

三、语言知识与语言技能之间的关系

语言知识包括语音、词汇和语法三个方面的内容。语言知识是综合英语运用能力的有机组成部分，是发展语言技能的重要基础。使学生掌握一定的英语基础知识也是英语教学的基本目标之一。语言是交际的工具，而语言首先是有声的，正是通过人的发音器官发出的声音，才能达到交际的目的。在英语中，语音和语法、构词法、拼写都有关系。很好地掌握语音，不但有利于听说技能的获得，而且也有助于语法和词汇的学习。

词汇包括英语中的单词和习惯用语。词这一概念是我们非常熟悉的，但是对词下一个准确的定义却不容易。语言学家对词下定义时说法不一，措辞不同。概括来说，词是语音、语意和语法特点三者的统一体，是语句的基本结构单位。每个词都有一定的语音形式。在口语中，主要通过语音以区别于其他的词。每个词都有一定的意义，这些意义根据其层次又可以被分为字面意义和隐含意义两种。字面意义就是词的“本义”，暗含意义则是指词的本义以外的意义，即附加意义。例如，同一词汇对不同的人来说可能有许多其他的特性，如gentle，weak等。一个词的含义，有些可能是文化背景、社会背景、性别或年龄相同的人所共识的，另外一些含义则因个人的经历不同而不同。每个词还都有一定的语法特点，在句子中充当一定的功能，词的功能的改变有可能会引起词义的变化。

英语中的习惯用法又称习语，具有语义的统一性和结构的固定性两个特点。习惯用法是固定的词组，在语义上是一个不可分割的统一体，其整体意义往往不能从组成该用语的各个单词的意义中推测出来。词汇是构筑语言的材料，尽管具有较大的词汇量并不意味着一定会具有较高的语言能力，但是，要想具备较好的语言技能则必须要掌握足够的词汇。

语法是指关于一种语言的结构的描述，说明其中词和短语等如何结合起来形成句子。语言是词的一种线性排列，这种排列不是任意的，而是遵循一定的规则，这种规则是本语言社团所共同接受的。不同的语言具有不同的语法，汉语与英语的语法就具有很大的差异，英语学习者要想使用英语进行交际也必须遵守英语的语法规则。

语言技能指运用语言的能力，包括听、说、读、写四个方面，其中说和写被称为产出性技能，而读和听被称为接受性技能。听是分辨和理解话语的能力，即听并理解口语语言的含义；说是应用口语表达思想，输出信息的能力；读是辨认和理解书面语言，即辨认文字符号并将文字符号转换为有意义的信息输入的能力；写是运用书面语表达思想，输出信息的能力。听、说、读、写是学习和运用语言必备的四项基本语言技能，是学生进行交际的重要形式，是他们形成综合语言运用能力，获取信息和处理信息的重要基础和手段。

语言知识和语言技能都是语言能力的组成部分，都是语言学习的目标。两者之间相互影响，相互促进。首先，语言知识是发展语言技能的基础，不具备一定的语音知识，不掌握足够的词汇，不了解英语的语法，就不可能发展任何的语言技能；而语言知识的学习往往可以通过听、说、读、写活动的过程来感知、体验和获得。

四、教师与学生之间的关系

教师与学生都是英语教学活动的实践者，正确地处理好两者之间的关系，对于英语学习的成败起着重要的作用。如果把英语教学比作一场戏剧，那么教师就是导演，学生就是演员，两者之间要密切地协调配合，教学质量才能有保证。

学生是学习的主体，英语教学要以学生为中心。教师的主要职责是引导和帮助学生学习英语。因此，教师要善于根据学生的生理和心理发展的特点，认真研究教学方法，排除学生在学习上的心理障碍，调动学生学习的主动性和积极性。教师还要面向全体学生，因材施教，发挥不同学生的特长。另外，教师还要帮助学生养成良好的学习习惯，培养自学的能力。在尊重学生的主体性，强调以学生为中心的理念时，要充分地考虑学生的个体差异，与英语学习相关的个体差异主要包括动机与学习态度、性格和认知方式等。

学习态度与动机是影响英语学习的重要情感因素，英语学习的成功在很大程度上依赖于强烈的动机和端正的态度。如果学习者对讲英语的人和英语教师产生反感，学习的动力也会自然消逝，学习的成功也就无从谈起。根据动机产生的根源，动机可以分为内在动机和外在动机。内在动机来自个人对所做事情本身的兴趣；外在动机是外部因素作用的结果，如父母的赞同、奖赏、惩罚、考试的高分等。内在动机和外在动机之间存在着相互影响的关系，教师在培养学生内在动机的同时，也要注意对学生外在动机的培养。态度指个人对事物或人的一种评价性反应。态度包括三个组成部分：认知、情感和意动。认知是指个人对事物的信念；情感是指对事物的褒贬反应；意动是指个人对待事物或采取行动处理事务的倾向。第二语言习得的研究表明，学习外语的态度和学习成绩之间的相关程度高于学习其他学科的态度和成绩之间的相关程度。

性格与英语学习也有很大的关系，自信、认真负责的学生往往会取得学习的成功。影响外语学习的主要性格特征包括内向与外向、焦虑、抑制等。具有外向性格的学生开朗、热情、善于交际、爱说话，很容易给人留下好的印象。一般认为，他们更适合学习外语，而性格内向的学生喜欢缄默，不好动，不善于表达自己的思想，往往被一般人认为不适合学习外语。外向型的学生会更愿意在课堂上和课外使用英语，愿意提问题，回答问题，不怕犯错误，因此他们的语言流利程度发展得会更快些；而性格内向的学生则更愿意花更多的时间去练习和研究语言形式，因此，他们比外向的学生对语言结构的理解可能会更全面、准确。

教师在英语教学中要注意根据学生的特点，进行有针对性的引导。内向型的学生需要一种鼓励性的、宽松的课堂气氛，这样他们才乐于“冒险”，尝试着使用英语；而对于外向型的学生则要有策略地提醒他们注意语言的准确性。过分的焦虑会阻碍外语学习，但是一点焦虑感都没有也不利于英语学习。以考试为例，焦虑可以被分为促进性焦虑和退缩性焦虑两种。前者可以使学生产生学习动力，迎接新的学习任务，而后者则使学习者逃避学习任务。其实，焦虑不是一种孤立的现象。除了受到人的性格因素的影响之外，学习的环境、学习任务的性质和个人的先前经验等因素都会对焦虑的产生起作用。在做事情之前，尽可能提前做好准备，明确目标，预测可能出现的各种困难，找出克服困难的方法，同时还要看到成绩，提高自信心。这样，过度的焦虑也就自然消失了。

抑制是一种具有保护性、抵制外部威胁的心理屏障，它与人的自尊心有着密切的关系。人们在了解自身的过程中逐步建立起保护自我的屏障。刚出生的婴儿没有自我概念，但随着年龄的增长而逐渐认识到自己与众不同。由于自我意识的增强，人们开始建立起具有个性的情感特征。在青少年时期，生理、认知和情感的变化带来了具有保护性的抑制，用以保护脆弱的自我，排斥那些威胁个人价值观和信仰的观点、经历和感受。这种意志在青少年发展到高峰，并进一步延续到成年期。因此，自我意识比较脆弱的学生往往会因为怕犯错误而不参与语言活动，这种语言学习中的抑制行为经过适当的引导也是可以克服的。

认知方式是指人们组织、分析和回忆新的信息和经验的方式。就认知方式讲，英语学习者可以分为两种：场依存和场独立。测量场依存型时，让学习者观看一个复杂的图案，并找出隐藏在图案内部的几个简单的几何图形。目的是看他们是否能够把看到的东西分解成若干部分，并能使这些部分脱离整体。这种测验也适用于语言学习者，因为他们也要从上下文中把语言项目分离出来才能理解它们。例如，在读一页材料时，他们必须能够识别词、短语和句子，并能理解这些部分如何结合起来构成一个整体。场依存型的学习者具有以下特点：他们对教师提供的语言信息不加分析，不加思考，教师如何教授，他们就如何接受。这类学生特别依赖别人对他们的看法，在很大程度上靠别人表扬，他们给别人的印象是直率，对别人感兴趣，使用英语与别人交往的技能可能会发展较好。场独立型的学习者具有以下特点：他们对自己本身有很强的意识，往往对别人不太敏感，不喜欢接近别人。场独立型学习者在外语结构知识方面学习起来更容易些。

第二节　高校英语教学的理论基础

一、英语教学与教育学理论

（一）英语教学与教育学

教育学所阐明的原理、原则对整个学校教育、对学校各门课程都有指导作用。英语教学是学校教育的组成部分，除了要教学生英语之外，自然地也要承担一般的教育教学任务。因此，英语教学法在论述英语教学的任务时，在论述英语教学内容和方法时，不能忽视英语教学的一般教育教养任务，英语教学法不能脱离教育学阐明的有关原理和原则。

（二）英语教学与教学论

教学论也称普通教学法，是教育学的一个重要组成部分或分支。它专门研究教学过程及其规律。教学论和学科教学法，包括英语教学法，既有密切联系，同时又有区别。教学论研究学校各门课程的一般教学过程和规律，它所论述的教学原理和原则及教学方法，是从各门学科教学法大量材料中分析、概括和提炼出来的，对各门学科的教学都有指导意义，是基本适用的。而学科教学法在研究学科的教学过程时，一方面要依靠教学论所阐明的原理、原则和方法，另一方面又以自己的研究成果充实和丰富教学论的理论宝库。教学论是教育科学中与外语教学法有直接关系的科学。它的许多研究成果和论述对英语教学法都有指导意义。设计英语课程，论述英语教学规律，都要考虑教学论的这些论述。

二、英语教学与心理学理论

（一）英语教学与生理学、心理学

心理学是研究人们心理过程，研究人们的思维、记忆、想象、意志等心理过程及其规律的科学，而人的心理就是脑的特征，生理是心理的基础。教学活动是师生的共同活动，教学的成败取决于师生双方的积极性。学习过程是认识过程，与心理活动有着密切的联系。为了把教学组织得合理并卓有成效，教师必须了解学生的一般生理和心理特点，掌握学生在教学过程中的心理规律。英语教学法为研究英语教学规律、研究学生在英语教学过程中的心理规律，自然地要依靠和利用心理学的研究成果。

（二）英语教学与教育心理学

教育心理学研究学生在教育影响下形成道德和品质、掌握知识和技能、发展整个智力和个性等的心理规律，是与英语教学紧密相邻的科学。教育心理学关于学习动机和学习兴趣的研究，关于学生在学习过程中知觉、表象和思维的相互作用的研究，关于掌握知识和技能的心理规律的研究等，都与外语教学法有着直接的关系。

（三）英语教学与心理语言学

心理语言学或语言心理学研究人们习得、学习和使用语言的心理规律。虽然它主要研究母语和第二语言的习得和学习等的心理规律，但其研究成果对英语教学法研究仍有很大启迪作用，有助于建立英语教学理论。例如，根据心理语言学对第二语言习得规律的研究可以知道，语言知识和语言使用既有联系，但又不等同，英语学习是一个从低级到高级发展的渐进过程。在第二语言和外语学习中，母语的影响不可避免。

三、二语习得理论

20 世纪 60 年代开始，有人研究人们获得语言能力的机制，尤其是获得外语能力的机制，并结合了包括语言学和社会学等多种学科，逐渐发展成第二语言习得学科，通常简称“二语习得”。

从 20 世纪 70 年代开始，人们便开始从不同的角度对二语习得进行探讨和研究，所对应的研究方法也是各有特色。罗德·埃利斯就在其撰写的《第二语言习得研究》中指出，第二语言习得研究正在向多个角度进行扩展，所对应的研究理论来源及视角也是多种多样的（如心理学角度和神经语言学角度等）。第二语言的相关理论正在不断产生和发展，这些都得益于多种层面和多种方法的不断研究。其中主要有以下两个方面。

（一）普遍语法理论

乔姆斯基与支持乔姆斯基理论的人认为，人们所具有的普遍的语言方面的知识都是来自遗传基因的作用，因此乔姆斯基将这种来自先天的知识叫做“普遍语法”。普遍语法理论一方面强调的是先天语言机制对语言习得产生的作用，另一方面则是强调语言中存在的共同的规律性对语言习得产生的作用。如果这种天赋不存在的话，第一语言和第二语言都将不复存在。这是因为，在进行语言习得时，语言的有关数据是不够充分的，还不足以产生习得这一行为。因此，乔姆斯基主张语言在一定程度上也是说话人本身的心理活动产生的相应结果。就好像婴儿与生俱来的语言学习能力，因此在遇到语言错误时，不需要纠正，随着年龄的逐渐增加，他们就会从生活中逐渐总结经验，从而进行自我纠正。有部分在使用语言的过程中，总是习惯通过语法核对，从而保证话语的正确性，其实这就是通过学习这一行为所进行的自我监控。当这些人的语言水平随着年龄的增加而不断升高后，自我监控的使用就会相对变少。所以从本质上来讲，语言并不是通过“学习”而得到，是存在于人们脑中的语法原则，是生物性天赋的重要组成部分，不需要进行专门的学习，但是也不能违反其规则。

在普遍语法模式里的基本概念既包括原则，也包括参数，这二者分别对语言与语言间的共性和差异性进行了具体的讨论和解释：原则就是适用于所有人类语言的高度抽象化的语法属性；参数是语言间差异性的具体体现，有大于等于两个的值，因此不同语言之间的差异性可以用相应的参数值来体现。

普遍语法理论强调第二语言的获得过程是以语言相应的参数值为基础的，并且将第一、第二语言当中所体现的语言的规律和语言的特性与第二语言习得的过程相结合，从而对习得的现象进行具体的解释和分析。该假设想要证明第二语言来源于相对独立的语言机制，并不来源于认知系统。该假设所体现出的优点有：以最新的原因理论为基点，对二语习得进行理解和探究，同时引起相关研究者对语言迁移现象的认识和评估。

（二）语言监控理论

20 世纪 70 年代，来自美国的克拉申针对二语习得提出了影响深远的语言监控理论，主要由五个假设组成，该理论的提出对传统重视语法的外语教学产生了巨大的冲击，下面进行具体分析。

1. 习得 / 学习假设

在此种假设当中，克拉申以“学习”和“习得”二者之间的差别作为研究重点，将二者进行明确的分离，他认为习得是学习者下意识获得语言的过程，而学习是学习者有意识采用各种方式进行语言学习的过程，并且从神经病语言学的层面来进行分析，学习的知识和习得的知识分别处在大脑的不同部位。

2. 自然顺序假设

该假设主张人类对于语言结构知识的相关习得都是遵循一定的自然顺序而进行的，并且他认为该假设并没有要求人们依据此顺序进行教学大纲的相关制订。事实上，如果想要习得相应的语言能力，就要按照一定的语法顺序进行教学才行。

3. 监控假设

此种假设与习得 / 学习假设是紧密相连的，在一定程度上表现出了语言习得与学习的内在关联。区别“习得”和“学习”，二语习得就应该像幼儿习得母语一样。幼儿的语言习得从来不是有意识地被人教过，也不是有意识地学习过。他们和成年人（通常是父母）进行的大量语言交流活动，是伴随着真实情景进行的交流。他们使用语言的能力来自无数次下意识的语言交流。因此，在“教”学习者第二语言时，教师应该在教授的过程中加入幼儿的自然母语习得，并且要为二语学习创造更为多样的语言环境。比如，过去教学中采用的一些方法都强调模拟一种真实的习得语言的场景，正是这种观念的一种反映。

由此看出，语言习得和学习的作用各有千秋。语言习得系统实则是人体的潜意识语言知识和真正具备的语言能力；而语言学习系统则是一种有意识的语言知识，主要在第二语言运用的过程中起监控和编辑的作用，并且该监控功能既可以在语言输出之前，也可以在语言输出的后面。但是，监控功能是否能充分发挥其作用还要看时间、形式和规则这三个条件。

相较于书面表达，口语表达更加注重说话的内容，而容易忽略其语法规则与形式，因此，如果在说话的过程中进行语法监控，就会在一定程度上对说话产生影响。而书面的表达则要相对较好，因为在写作的过程中，作者能够通过充足的时间进行反复推敲，从而选用最佳的语法规则。

4. 输入假设

输入假设是克拉申语言习得研究理论的重点部分。他认为，语言习得者只有接触到了“可理解的语言输入”，也就是说接触到的第二语言输入内容稍高于习得者具有的语言水平，并且该习得者既能从形式上进行理解又能从意义和信息两个方面进行理解的时候，语言习得才能够产生。这就是至今仍非常著名的 i+1 理论。其中，i 表示习得者现在就有的语言水平，1 则代表了稍高于习得者水平的语言内容和材料。克拉申还认为，该公式的输入无须刻意提供，只需进行理解输入，并且达到了一定的量，输入便会自动生成。

5. 情感过滤假设

情感过滤假设主张，有相应的可理解输入的环境不等于学好目的语，二语习得还受许多情感因素的作用和影响。语言输入只有经历了情感过滤的考验才能够真正吸收。克拉申还认为，影响习得语言的情感因素包括动力、性格和情感状态在内的诸多情感因素影响。

四、语言学习理论

（一）行为主义学习理论

1. 试误学习理论

美国学者桑代克是动物心理学、心理学联结主义和教育心理学体系的开创者。桑代克利用迷路圈、迷箱和迷笼等测试工具进行了一系列的动物实验，认为动物的学习过程是由发生刺激的情境与产生正确反应之间通过尝试错误形成的联结来完成的，动物并不具有推理演绎的思维能力，动物的学习方式是通过反复尝试错误而获得经验的。

桑代克在 1957 年出版的《言语行为》一书中提出，人是由动物进化而来的，人类的心理活动只是比动物更为复杂而已。他把从动物的实验研究中得出的结论直接用于解释人类的学习活动，认为人类学习的本质在于加强刺激和反应之间的联结，通过不断重复尝试错误以找到解决问题的办法既是学习的基本形式，也是达成学习目标的必由之路。

桑代克用解释动物简单学习的研究结论来解释人类复杂的学习过程，把复杂的学习过程看成盲目的、消极的和被动的过程，否定了人类学习行为的主观能动性，忽视了人类学习行为的认知特点。尽管如此，桑代克的结论仍有一定的启发意义，机械记忆在知识学习的特殊情况下确实发挥了十分重要的作用，尤其是人在短时间内需要记忆大量英文单词的情况下。此后，桑代克对他的试误学习理论不断进行补充和完善，进一步提出有效的学习应当建立在学习者对学习内容具有强烈的兴趣和需要的前提下，教师在组织具有重复性、机械性特点的教学内容时，首先要激发起学习者的学习热情，在教学过程中还要注意控制好教学节奏，调整好教学内容的难易程度，避免学习者产生厌倦感而导致失去学习信心。

2. 条件反射学习理论

条件反射最有代表性的实验是俄国生理学家巴甫洛夫关于狗的唾液条件反射，巴甫洛夫在研究中发现在某一特定的条件和场景下，通过给予重复性的条件刺激，使动物对某一非条件刺激产生的反应行为不断得以强化，并逐步形成一定习惯，即由非条件反应转化为条件反应。在这个过程中动物是被动接受刺激。在巴甫洛夫看来，条件反射过程最重要的是引起反射的刺激，而不是反射的结果，所以尽管巴甫洛夫和桑代克都在分析刺激与反应之间的联系，但他们对如何形成这种联系的原因以及对学习过程的解释是完全不同的。

巴甫洛夫把条件反射的获得、消退、恢复、泛化四个特征运用于分析人的语言学习过程，他认为外部的条件刺激是语言学习的关键，是学习者语言行为习惯得以养成的前提条件，所以语言学习过程就是要在外语与客观世界（事物、观念和概念）之间直接建立条件反射关系。

巴甫洛夫认为由于学习者的母语在外语学习中常被用作翻译和交流的中介，是不利于引发外语学习过程中条件反射的重要刺激，是一个很强的干扰因素，因此在外语学习过程中必须避免过多地使用母语，而要更多地使用实物图片教具、课堂教学情境、目的语学习资源等作为完成教学目标的诱发刺激。

巴甫洛夫的这一条件反射概念揭示了语言学习最基本的生理机制，此后一些学者将条件反射概念运用到有关儿童的言语学习过程的研究领域，认为儿童学习语言的过程就是通过对周围环境条件进行观察和模仿、对周围各种事物的刺激发生反应的过程。

借鉴儿童语言学习的特点，条件反射学习理论认为在学习的过程中，应当有计划地、间隔性地为学习者提供语言实践的机会，在课堂教学上尤其强调句型操练，学习者通过不断的重复操练，对教学内容的理解和掌握得以不断强化，并最终内化为学习者自己的语言行为习惯。

3. 操作学习理论

19 世纪 30 年代，美国语言学家斯金纳提出了操作学习理论，认为语言学习的过程可以理解为一个不间断的“操作”过程。

斯金纳设计了“斯金纳箱”用于研究动物的行为。根据研究结果，他认为人的行为可以分为由于外部刺激所引起的应答性行为和由于内部因素所引起的操作性行为。另外，斯金纳认为桑代克和巴甫洛夫的研究结论只能用于解释基于应答性行为的学习过程，而他的研究结论主要是用于解释基于操作性行为的学习过程，适用于日常生活中的大部分行为。

“强化”是斯金纳操作学习理论的一个核心概念。斯金纳认为学习者首先主动发出操作行为，然后再给予刺激性的强化，学习行为达到预期目的的关键就在于操作之后的“强化”这个环节。斯金纳把强化划分为积极强化和消极强化两种。学习者主动发出操作行为后，通过在学习过程中给予一个新的刺激，能使得学习行为达到预期目的的概率得到提高，这种刺激就是积极强化；而如果在学习过程中通过排除这个刺激使得学习行为达到预期目的的概率得到提高，这种刺激就是消极强化。

斯金纳认为，对某种行为的积极鼓励是促使其行为形成的有效方法，应当对学习者取得的每一个明显进步都及时给予积极强化，以保持学习者的学习热情，引导学习者形成正确的语言使用习惯，而对某种行为的惩罚是促使其行为改变的有效方法，直到正确的行为发生，但是这种基于惩罚的改变常常伴随着某些负面影响。

斯金纳认为，语言跟人类的其他行为一样，是通过习惯的养成而学会的，需要不断地经过“条件反射”的过程以使这种习惯固定下来。很多学习内容都需要学习者进行反复的、经常的练习，这种练习形式往往是机械性的，练习过程中由于需要不断重复相同的内容，这样会让学习者难以保持长久的热情，但是这个过程在一定程度上是无法取代的。

（二）认知主义学习理论

在20世纪前半叶，行为主义学习的理论占据了主要地位。但是行为主义把所有思维看成“刺激—反应”，在一定程度上忽视了人的意识问题，所以越来越多的学者对其产生了意见和不满。在这样的背景之下，认知主义学习理论开始逐渐发展。它强调学习是对情境的一定领悟和认知而逐渐形成的认知结构，并且主张研究学习的内部条件和内部过程两个方面的内容。其代表性的观点如下。

1. 顿悟说

苛勒是德国著名的心理学家，也是格式塔心理学的先驱。格式塔具体指的是被分离的整体或一些组织结构。该理论主张，在学习语言的过程中，要想解决一定的问题，首先就要对情境中事物之间的联系进行准确的理解，才能构成完形，实现语言的学习这一目标。

他还在格式塔理论的基础上提出了顿悟说，该学说主要分为以下观点。①学习并不是“刺激—反应”这一活动的简单连接，而是有一定目的和主动进行了解或顿悟而逐渐组成的完形。②学习并不是由不断尝试错误总结实现的，而是通过顿悟实现的。

2. 发生认识论

瑞士著名心理学家皮亚杰主张以发生认识论为核心，主要研究的内容都是有关人类的认识，包括概念、语言和认识发展等多个方面。在他看来，每个人都能追溯到童年时期，甚至胚胎时期。值得研究的相关问题还有：人在出生之后是怎样形成的认识和发展思维、这些思维的产生都受什么因素的影响和制约、不同年龄和水平的智力差别和思维结构等。所以皮亚杰把自己的研究重点主要放在了认知发展的阶段性方面和认知发展的机制方面。他把无法进行探测的大脑进行活动的过程统一抽象成能够直接进行观察的心理模型，并运用一些客观方法对人类的高级认知活动和复杂认知活动进行探究，从而在一定程度上促进了人们对自身的进一步了解和认识。

3. 发现学习理论

布鲁纳的发现学习理论观点认为，学习的本质就是在于主动形成的认知结构，该结构还能够用来感知与概括新事物的一般方式。认知结构实际上是建立在一定的经验基础上的，通过不断地改变，从而逐渐了解和学习新知识的内部因素和相应的基础。

他将学习分成了三个过程：一是知识的获得；二是知识的转换；三是知识的评价。学习任何一门学科都要学习一系列的新知识，因此每种知识的学习都要经过知识的获得、知识的转换和知识的评价这三个过程，所以发现学习在某种程度上来讲是最好的学习方式。发现学习的中心是学生，前提是教师进行的一系列激发学生的学习兴趣和动机，通过引导学生进行观察活动、分析活动和归纳活动，来逐渐培养学生独立分析问题与解决问题的能力。该理论的提出是布鲁纳结合学习论和教育论对心理学界做出的巨大贡献。

（三）建构主义学习理论

20 世纪 90 年代，一个新的理论在美国诞生——建构主义，它是对多个学科进行综合而发展起来的一个学科。因为不同的研究者有不同的学科理论，这也使得建构主义的理论不同，但是他们都认同知识不是被动接受的，而是认知主体进行积极主动建构的结果，因此这一观点也被所有的建构主义研究者叫做“建构主义的第一信条”。除此之外，建构主义研究的目的就是强调人类对于认识的能动性，展现人类的认识对经验、环境以及社会的作用以及对它们的依赖作用，并且指出知识的意义不是一成不变的，而是随着学习环境的变化不断发生改变。建构主义所研究的相关内容对人类的教育以及对教育的研究都有很重要的指导意义。因此，建构主义在发展的过程中逐渐和教育时间相结合，就构成了建构主义学习理论，并且不断为各个国家的教育改革提供思想上的指导。

在建构主义学习思想的研究中，有一个鼻祖式的人物，那就是苏联的心理学家维果斯基。他提出了“文化历史发展理论”，这一理论指出了学习者在认知的过程中社会文化历史背景所起到的关键作用，而且还在其基础上发明了新的理论，即最近发展区。维果斯基指出，个体的学习过程离不开特定的历史背景和社会文化，而且个体在学习的过程中，社会在这个过程中会发挥非常重要的积极作用。维果斯基将个体的发展水平分为了两种：一种是现实的，另一种是潜在的。前一种就是指个体通过自己的活动能够达到的水平，后一种就是个体不能够独立完成，需要通过他人的帮助才能完成的水平。前面所叙述的“最近发展区”不属于这两种的任意一种，而是处于两者之间的区域。维果斯基属于位列鲁学派，他们这个学派还在前面理论的基础上对“活动”与“社会交往”和人的高级心理机能的发展之间的作用关系进行研究。他们的研究都给建构主义理论添砖加瓦，使其更加丰满，同时，也为这一理论应用于教学提供了条件。

第三节　高校英语教学开展的原则

一、以学生为中心原则

学生是教学活动的主体与内在因素，英语教学要以学生为中心，充分发挥学生的主观能动性，提高教学效率。在英语教学中，实施学生中心原则要求教师从以下两个方面着手进行：教材分析要以学生为中心、教学方法与手段的选择要以学生为中心。

教材分析时，教师应充分理解并把握教学内容，了解学生所处的不同阶段的实际情况以及学生的学习能力状况，以此作为调整教学目标与任务的依据。教师还要根据学生的需要，对教材内容和活动进行心理化处理和最优化处理，使教材与学生的经验与体验结合起来，将教材内容变成问题的链接和师生对话的中介，使教材更好地服务于教学。

在英语教学过程中，教师应选取多样化的教学方法和手段，做到以学生为中心。直观的教学方法可以使学生直接感受和理解语言，通过视、听和说可以激发学生参与的兴趣，强化记忆。形象化教学手段可以适应学生的直觉思维特点，因此教师可选择一些利于激发学生兴趣和好奇心的媒体，如幻灯片、投影、模型、录音、图片等，使他们积极地参与课堂学习，自然地感知语言，满足个人的需求。

二、循序渐进原则

语言的学习应从口语开始，然后逐渐过渡到书面语。英语包括两种形式：口语和书面语，且口语早于书面语出现。与书面语相比，口语词汇通常较为常用，句子结构简单，学习起来比较容易。学生通过口语的学习可以尽快地获得交际技能，满足日常交际的需要，这样就达到了学用结合的目的。

就听、说、读、写等语言技能的培养而言，教师应该首先侧重培养学生的听说能力，逐渐过渡到读写技能的培养上。听、说、读、写应该全面发展，但是在不同的阶段，侧重点应有所不同。听说教学能使学生掌握基础的语言知识，包括语音、词汇和句子结构等，这为读写能力的培养奠定了基础。因此，在英语学习的初级阶段，教师应加强“听、说”的教学，然后再逐步向“读、写”教学过渡。

英语语言知识语言技能以及使用语言的能力的完成与提高是一个循序渐进的过程。学习英语是一个螺旋式发展的过程，需要反复的循环，但这种循环并非单一的重复，每一次重复在难度和深度上都有所提高。此外，循环往复要求教学中要做到以旧带新，从已知到未知。因此，教师应以学生已有的语言知识和已熟悉的语言技能为出发点,传授新知识,培养新的技能。

三、输入优先原则

英语教学要坚持输入优先原则。所谓输入和输出，是指学生通过听和读接触英语语言材料以及学生通过说和写来进行表达。语言输入的量越大、质量越好，输出的能力就越强。可见,输入是输出的基础。

输入优先原则的主要依据是埃利斯在其《理解第二语言习得》一书中,对外语学习中对待语言输入的三个方面特点的总结和归纳：①可理解性，是对所输入语言材料的理解；②趣味性和恰当性,指学习者对所输入的语言材料要感兴趣；③足够的输入量。足够的输入量在英语教学中也至关重要,但目前英语教学对此点有所忽视。基于埃利斯对语言输入三个方面特点的总结,在英语教学中坚持输入优先原则要注意以下几个方面。

（1）注重输入内容和输入形式的多样化。输入形式可以包括声音、图像和文字等，语言题材和体裁要内容广泛、来源多样。例如，利用在日常生活中每天都会接触的文具、衣服、道路标志、电器等就可以帮助学生在潜意识中学到许多英语。

（2）教师可以通过视听、听和读等多种手段，尽可能多地让学生接触英语，多给学生可理解的语言输入。教师应该打破课内外的界限，利用声像材料的示范、贴近学生日常生活和学习、适合学生的英语水平、具有时代特色的读物等,扩大学生的语言接触面,增加学生的语言输入,以利于学生更好地学好英语。

（3）着重强调学生的理解能力,为学生提供的语言材料要切合学生的实际情况,具有可理解性与趣味性。向学生输入的材料要符合学生的现有水平，只要求学生理解，不必刻意要求学生即刻输出。从教学方法而言，这也坚持了优化交际研究与输入、后输出的原则。然而仅依靠语言的输入不可能掌握英语并形成综合运用英语的能力，还需要适当的口头和笔头的表达来检验和促进语言的输入。

（4）鼓励学生进行模仿。有效的模仿是模拟生活中的真实情景，注意语言结构所表达的内容。换句话说，模仿最好是让学生身临其境去使用所要模仿的语言。例如，在结对练习、小组练习的时候，让学生根据实际情况使用所学习的语言，才能把声音和语言的意义结合起来，学生才会在课外运用所学语言。模仿是在优先输入语言的基础上，对语言进行的有效练习和输出实践。

四、兴趣性原则

在英语教学中，教师应意识到兴趣的巨大作用，尽可能调动学生的内在动机，激发学生对英语学习的主观愿望，以获得更好的教学效果和学习效果。在英语教学中，教师可从以下几个方面入手来调动学生的学习兴趣。

（1）充分了解学生的生理与心理特点，尊重学生的主体性。学生是学习的主体，是整个学习过程的核心承载者。英语教学要从学生的心理和生理特点出发，改变传统的学习方式，让学生通过体验和实践进行学习。传统的语言学习方式强调学生在初级阶段要学好音标，学好语法，记忆一定量的词汇。英语课程必须从学生的心理和生理特点出发，遵循语言学习规律，从改变学生的学习方式入手，通过听做、说唱、玩演、读写和视听等多种活动方式，达到培养兴趣、形成语感和提高交流能力的目的，尤其是在学习的初级阶段更要如此。

（2）防止过于强调死记硬背、机械操练的教学倾向。英语学习需要一定的死记硬背和机械操练的活动。过多的机械性操练很容易导致课堂教学的死板与乏味，容易使学生失去或者降低学习英语的兴趣。为此，应该重视科学的设计教学过程，努力创设知识内容、技能实践和学习策略都很逼真的情景，以营造启动学生思维的教学环境，帮助学生通过各种渠道获取知识，加速知识的内化过程，使他们能够在听、说、读、写等语言交际实践中灵活运用语言知识，变语言知识为英语交际的工具。这样，学生在获得交际能力的同时，综合素质也会得到相应的提高，学生的学习兴趣才会得到巩固与加强。

（3）挖掘教材，激情引趣。教材是英语教学的核心，教师要想最大限度地调动学生的积极性，就要在备课中认真的研究教材，挖掘教材中的兴趣点，使每节课都有新鲜感，都有让学生感兴趣的内容和活动。

（4）善于发现学生的进步，多鼓励表扬，培养学生的自信心和成就感。对于学生来说，学习兴趣的保持在很大程度上取决于学习的效果，取决于他们能否获得成就感。因此，教师要通过多种激励的方式，如奖品激励、任务激励、荣誉激励、信任激励和情感激励等，激发学生积极参与，体验成功的喜悦。

（5）增强教师与学生之间的交流。一个班级的学生来自不同的家庭与环境，教师要平等地对待每一个学生，对学生充满爱心，通过各种形式与学生进行交流，真心地与学生交朋友，用自己对工作、对学生的热爱去影响学生，而且教师要活泼，富有幽默感，懂得学生的尊重与喜欢。实践表明，一个学生对某一门课程的喜欢与否，往往取决于他对于该授课教师的态度。另外，教师还要寓思想教育于教学之中，结合英语教学培养学生的道德情感和对英语学习的热情，创造和谐、轻松的课堂气氛，注意保护学生的自尊心。好的情绪转到学习中就会变为一种兴趣和动力。教师在严格要求学生的同时，还要给学生创造一种和谐的学习氛围，通过一个眼神、一个手势、一个微笑或一句赞许的话去影响学生。

（6）改变传统的英语测试方式。应试教育是学习兴趣的最大杀手。英语课程的评价应以形成性评价为主，采用学生平时教学活动中常见的方式进行，重视学生的态度、参与的积极性、努力的程度、交流的能力以及合作的精神等。除形成性评价外，期末考试可采用口、笔试相结合的方式。口试主要考查学生实际的语言应用能力；笔试主要考查学生听和读的技能以及初步的写作能力。评价可采用等级制或达标方法评定成绩，不应对学生按成绩排队或以此作为各种评比或选拔的依据。

五、系统性原则

在英语教学过程中要遵循系统性原则，目的是使学生对所学内容能有比较系统、完整的概念，在各部分知识之间和新旧知识之间建立有机的联系，在消化所学内容时思路清晰而有层次。具体来说，系统性原则主要涉及以下几点。

（一）系统安排教学工作

英语教学工作的安排要有计划性，要求做到以下几点。①教师要有计划地备课。例如，一篇课文要上 8 课时，在备课时要一次性备完，不能今天上两节课就备两节课的内容。②教师的讲解要逐步深入、条理分明、前后连贯、新旧联系、突出重点，一环套一环，一课套一课，形成一个有机而系统的体系。③教学的步骤和培养技能的方法应该符合掌握语言的过程。要根据课程的最终教学目的，由易到难，逐步提高要求。④练习布置要具有计划性。要先进行训练性练习，然后再进行检查性练习。此外，练习的形式要具有体系性，相同的练习形式也要有不同的要求。⑤布置作业和讲课的重点应当密切结合。每次作业要有明确的目的，课内课外要通盘考虑。⑥要经常检查学生掌握知识和技能的情况，每堂课要有一定的提问并作相应的记录，这可以对学生起到督促的作用。对于学生的平时成绩不能仅凭教师的印象来评定，因此平时对学生所做的口头、笔头作业要有记录。

（二）系统安排教学内容

英语教学内容的安排要有严密的计划和顺序。教师应该按教科书的安排特点和班级的情况合理组织讲课的内容，确定讲课的重点。当出现一个生词时，不要急于一次把这个生词的所有意义、用法全部教给学生。当教授一条新的语法规则时，不要一次向学生交代有关这条规则的全部知识，要将知识分步教给学生。教学内容的安排应该服从教学的系统。这样才能由浅入深、由易到难，由分散到系统。

（三）系统安排学生学习

教师要指导学生进行连贯的学习。学习要循序渐进，要经常、持久连贯地学习。因此，教师在教育学生时要有恒心，经常及时地带领学生进行复习和做好功课。此外，教师还要指导学生正确处理平时和期末的关系，必须向学生明确，将学习重点放在平时，平时训练要从难、从严，坚决反对那种平时学习不努力，期末考试临时抱佛脚、突击开夜车的做法。此外，教师还要经常关心和指导学生的学习方法，并针对学生的个人特点因材施教。

六、真实性原则

鲁子问指出，“在英语教学中，坚持真实性原则就是要在教学各个环节上做到真实，以培养学生综合语言运用能力为总目标，以交际法和任务型教学为策略，在真实环境中获得真实语言能力。”语用真实是真实性原则的重要内涵。

在英语教学中，教师要实现语用真实，应做到以下几个方面：把握真实语言运用的目的、采用语用真实的教学内容、设计组织语用真实的教学活动、设计语用真实的教学检测评估方案等。

（一）把握真实语言运用的目的

英语教学的最终目的是培养学生的综合语言运用能力，这种能力实际上就是一种语用能力。体现在语用能力方面的教学目的主要表现在以下三个方面：①语句的语用功能目的；②对话语篇的语用功能目的；③短文语篇的语用功能目的。

（二）采用语用真实的教学内容

在教学开始之前，教师应从语用的角度对课文进行详细全面的分析，研究语句使用的真实语境，准确把握课文中所有语句的真实语用内涵，选用语用真实的例句与练习，这样就可以在教学前就指向语用教学，从而保证学生能够获得语用真实的英语运用能力。

（三）设计组织语用真实的教学活动

对学生语用能力的培养应贯穿于整个英语教学过程，因此教师应基于语用真实的指导思想来设计教学活动，将语用能力的培养与呈现、讲解、例释、训练、巩固等课堂教学活动紧密结合起来。

（四）设计语用真实的教学检测评估方案

教学检测评估对教与学都具有重要的反拨作用。设计语用真实的教学检测评估方案，可以找出学生的语用能力存在的不足之处，从而对教学进行有针对性的调整与改进。此外，语用真实会引导学生在学习中更加自觉地把握学习内容的真实语用内涵，强化学生运用英语的自我意识。

七、交际性原则

语言是交际的工具，人们主要通过语言来交流思想、传递信息。交际是在特定语境中说话者和听话者、作者和读者之间的意义转换。由此定义可以得出以下几点启示：①交际包括口语和书面语两种形式；②交际总是发生在一定的语境之中；③交际需要两个以上的人参与并产生互动。

学习英语的首要目的就是使用英语进行交际，而英语教学的首要目标就在于培养学生的交际能力。交际能力的核心就是能够运用所学的语言知识在不同的场合下与不同的对象进行有效、得体的交际。因此，在英语教学中要贯彻交际性的原则，使学生能用所学的英语与人交流，要在教学过程中努力做到以下几点。

（1）充分认识英语课程的性质。英语课程首先是一种技能培养型的课程，要把语言作为一种交际的工具来教、来学和来使用，而不是把教会学生一套语法规则和零碎的词语用法作为语言教学的最终目标，要使学生能用所学的语言与人交流，获取信息。在教学过程中，教、学和用三个方面构成一个有机的相辅相成的统一体，其中的核心在于使用。因此，教师转变以往陈旧的教学观念，认清课程的性质，是落实交际性原则首先需要解决的问题。

(2)创设情景,开展多种形式的丰富多彩的交际活动。语言是交际的工具,而交际的发生总是处于特定的情景之中。情景包括时间、地点、参与者、交际方式、谈论的题目等要素。在某一特定的情景中,讲话者所处的时间、地点以及本人的身份都制约其说话的内容、语气等。因此,在英语教学中,要使教学的内容置于一种有意义的情景之中。而且,在一定的情景之下学习英语,可以使学生身临其境,提高学习英语的兴趣。因此,英语教学活动要充分考虑交际性的特点,结合教材的内容,尽量利用各种教具,创设与学生生活密切相关的各种情景,进行真实或逼真的英语交际训练活动,这样不仅使学生学有兴趣,学有成效,而且能够做到学用结合。

(3)注意培养学生语言使用的得体性。英语教学的首要目标在于培养学生进行有效交际的能力,传统的英语教学只偏重语法结构的正确性,而根据交际性原则,学生需要具备良好的交际能力,能够在适当的时间、适当的地点,以适当的方式,向适当的人,讲适当的话。这一点与上面一点密切相关,创设情景,开展多样的交际活动,课堂游戏、讲故事、猜谜语、编对话、角色扮演、话剧表演、专题讨论或者辩论等,都有助于学生在创设的情景中充分表现自己,从而掌握地道的语言。

(4)精讲多练。英语课堂的工作不外乎讲和练两种,前者是指讲授语言知识,后者是进行语言训练。在课堂上,适当的讲授一些语言知识是必要的,可以提高学习的效果。英语首先是一种技能,技能只有通过实际训练才能获得。因此,教师必须清楚,讲解的目的在于帮助学生更好地训练。在语言训练的过程中,要针对学生的具体问题给予"画龙点睛"式的点拨。这不仅有利于学生语言交际能力的培养,还有助于学生养成良好的学习与思维习惯。教师在进行了必要的讲解之后,要给学生留出足够的训练时间。

八、课内外活动相结合原则

在教学实践中,要遵循课内与课外活动相结合原则,主要是因为二者之间存在的互补性,具体体现在以下两个方面。①课外活动具有自愿性和选择性,学生可以根据自己的兴趣爱好自愿选择参加感兴趣的活动。课内活动一般是非自愿的,也是无法自由选择的,课内活动必须按照规定的教学大纲有序进行,一般具有统一的课程和课时,这样可以保证全班同学在相同的教育过程中保持相同的步调,既有利于培养学生个性的共同点,又有利于学生系统地习得语言知识。而课外活动则基本上是以学生的兴趣为主，遵循学生的自愿性进行。②课外活动是真正以学生为中心，由学生独立进行和完成的教学活动，教师只是在有需要的情况下提供适当的帮助，因此课外活动更能发挥学生的主动性和独立性，更能培养学生自主学习的能力。

根据我国目前高校的英语教学现状，为了更好地将课堂教学与课外活动相结合，发挥它们的互补作用，就要在优化课堂教学的同时，加强课外活动，具体可从以下两个方面着手。

（1）激发学生在课堂活动中的主体积极性。课堂教学实际上是教师与学生以教学影响为中介的交互作用过程，这个过程能否发挥交互作用效果，很大程度上取决于学生的主体积极性。因此，如何激发学生的主体积极性就成为贯穿于英语课堂教学始终的问题。

（2）减少课堂教学时间，提高课堂教学效益。就目前我国的高校教学来看，课堂时间总量太大，课外活动时间过少是普遍现象。在苏霍姆林斯基管理的帕夫雷什学校里，只有上午是课内教学，整个下午均为课外活动。但在我国，学校教学基本上等同于课堂教学，课外活动少之又少，这对于学生的个性发展，培养学生的兴趣、爱好非常不利，学生的潜能和优势得不到发挥，学生的创造性得不到锻炼。因此，高校应减少课堂教学时间，增加课外活动时间总量。与此同时，要提高课堂教学的效益，即师生以最少的时间和体脑耗费取得最大的教学效果，只有在减少教学时间的同时，提高教学效益才能保证整体的教学质量。

九、合理使用母语原则

在英语教学中，教师应当提倡学生多说英语、多用英语，但这并不意味着不能使用母语。在英语课堂上可以合理使用母语，利用母语优势帮助学生理解学习过程中的难点，这对提高教学效果有利无害。合理使用母语原则包括在英语教学中利用母语的优势和避免母语的干扰两个方面。

（一）利用母语的优势

教师在英语教学中要学会利用母语的优势，借助汉语对一些词义抽象的单词和复杂的句子加以解释。英语学习是在学生已经熟练掌握母语之后进行的学习实践，学生在英语学习之前对时间、地点以及空间等概念已经形成，已学会了表达这些概念的语言手段，况且英、汉两种语言在结构和使用方面也存在许多差异，这些语言文化差异往往会造成学习英语的障碍。因此，利用母语的解释可以帮助学生更快、更好地学习和掌握英语的某些概念。适当地使用母语进行教学，有助于学生理解母语和英语之间的差异，了解英语结构和规则的特点，有助于师生之间的顺利沟通和深化对语言差异的理解和消化，从而提高学习效果。

（二）避免母语的干扰

母语交际先于英语——第二语言的学习且已基本上被学生熟练掌握。英语的学习是一个相当复杂的过程，母语的使用习惯可能会给英语学习带来障碍。在学习英语的过程中适当使用母语，用母语简单讲授英汉两种语言在某一结构、某一用法上的差异和特点是可以的。但对母语优势的利用一定要掌握一个“度”，避免将母语的使用规则迁移到英语的使用上。如果过多地或一味地使用母语，会在很大程度上给英语的学习带来不利。在英语教学里利用和控制使用母语，要注意以下几个方面。

（1）目前而言，科学的发展、教学方法的改进和现代教学手段的运用，多用母语作为教学手段的效果日益减弱且劣势日益明显。英语教师结合现代化教学设备，运用更加直观的教学手段有更大的创造空间。

（2）在英语教学中，学生对所学英语词句的理解是相对的。理解包括知道这些语言现象及其隐藏在现象后的本质。在初始阶段，没有必要引导学生过分追求本质，这主要是由于英语的很多用法是习惯问题，很多情况用逻辑推理不通。例如，“看电影”用“to see a film”而“看电视”则说“to watch television”。

（3）在英语教学中，教师应控制使用母语，尽量用英语上课。要充分考虑教师运用英语的能力、学生的理解能力和接受效果，教师尽量用教过的英语讲话也可借助图画、实物、表情、手势等直观手段，也可以将关键词写在黑板上，使师生的交际能力在课堂教学中得到有效的提高。

总之，英语教学的过程要成为有意识地控制使用母语，有目的地以英语作为语言交际工具和媒介的过程，坚持合理使用母语原则才能更有效地优化教学效果。

十、灵活性原则

灵活是兴趣之源。语言是生活的一个必要的组成部分，是一个充满活力、不断发展的开放性系统。语言本身的性质以及学生的自身特点要求教师在英语教学中要遵循灵活性的原则，要在教学方法、语言学习和语言使用方面做到灵活多样，富有情趣。

（一）教学方法的灵活性

在英语教学史上曾经出现了许多种不同的教学方法和流派，如语法翻译教学法、视听教学法和交际教学法等，每种方法都有其自身的优势与不足。教师应该兼收并蓄、集各家所长，切忌拘泥于某一种所谓流行的教学方法。英语教学包括语言知识和语言技能两个方面，语言知识包括语音、词汇和语法等内容，不同的语音、不同的词汇和不同的语法项目都具有不同的特点。语言技能包括听、说、读、写等四个方面，其中又包括许多微技能。而学习者的个体差异也是千差万别的。因此，在英语教学过程中要综合学生、教学内容以及教师自身的特点，创造性地开展多种多样的教学活动，充分体现教学方法的多样性和创新性，使英语课堂新鲜有趣，从而激发学生学习英语的热情，挖掘学生的潜能。教学的内容也要体现多样性的原则，不光要教英语，还要教学习方法，结合英语教学教会学生如何做人。

（二）学习的灵活性

教学方法和教学内容的灵活性可以有效地带动英语学习的灵活性。要努力改变以往单纯地死记硬背的机械性学习方法，帮助学生探索合乎英语语言学习规律和符合学生生理、心理特点的自主性学习模式，使学生能够自我导向、自我激励和自我监控，静态、动态结合，基本功操练与自由练习结合，单项和综合练习结合。通过大量的实践，使学生具有良好的语音、语调、书写和拼读的基础，并能用英语表情达意，开展简单的交流活动，开发听、说、读、写综合运用语言的能力。

（三）语言使用的灵活性

英语学习的关键在于使用，教师要通过自身灵活的使用英语来带动和影响学生使用英语。教师应尽可能多地用英语组织教学、用英语讲解、用英语提问、用英语布置作业等，使学生感到他们所学的英语是活的语言。英语教学的过程不应只是学生听讲和做笔记的过程，而应是学生积极参与，运用英语来实现目标、达成愿望、体验成功、感受快乐的有意义交际活动过程。另外，教师还可以通过灵活性的作业使学生灵活地使用英语，作业的布置应侧重实践能力。

十一、精讲多练原则

精讲多练原则既肯定了讲和练的作用，又明确了讲和练的地位。讲，涉及语言知识；练，涉及语言技能。

（一）语言知识促进语言技能的培养

既然英语教学将交际能力作为培养目标，那么实践性就是英语教学的特点之一。在英语课上必须以语言实践为主，课堂上绝大部分时间要用于实践。但是适当地传授语言知识，可以帮助学生更好地进行实践，提高学习的效果。语言知识讲授的范围、深度、方法和时机，要由语言实践和教学的需要来决定。

在初级阶段的英语教学中，教材简单并且每课只包含有限的句型和单词，通过反复练习就能熟练地掌握。本阶段的教学重点是引导学生养成运用英语的习惯和正确的学习方法。语言材料的有限性，使语言知识的讲授对学生的学习没有多大帮助。当英语教学向高级阶段推进，学生需要学习更多的句型和单词时，教师就需要使学生利用单词或句子间的关联来学习，并且从一些语言材料里总结出语法规则。在这一阶段，语言知识的讲授才能对学生发挥出应有的作用。然而，此时还是要注意精讲多练，不能喧宾夺主。

在英语教学的后期，语言知识的讲授有助于培养学生的自学能力。不是所有的英语语言知识都在规则的统领之下，有时候最常用、最简单的单词，往往具有不合常规的词形变化和发音规则。这就要求学生多模仿教师，但是教师不要急于引导学生过多地追问为什么。精讲多练是学习英语稳妥而有效的方法，但随着学习进程的推进和学习内容的复杂化，就很有必要通过适当地讲授一些语言知识来发挥思维理解的作用。

（二）语言操练交际化

语言操练并不等于语言交际，前者关注的是语言形式，使学生在语言操练里掌握语言形式；后者关注的是语言内容，使双方达到相互了解。

1. 语言操练是交际能力培养的手段

英语教学中的语言操练包括以下三种练习形式：机械练习，如句型操练等；有意义的操练，如围绕课文或情景所进行的模仿、问答和复述等；交际性操练，如联系自己的生活实际，利用课文里的词句叙述自己的思想、表达课文学习后的体会等。这三种练习形式在难度、与语言交际的接近程度都在递进，体现出由操练到交际的进程。

英语教学的目的是培养学生的英语交际能力，而不是使学生掌握语言形式。但是培养学生的交际能力，必须借助语言操练这个手段。二者对于英语教学目的的实现都非常重要，缺一不可。语言操练和语言交际相互联系、相互区别，有时没有明显的分界线。教师每次讲授新材料时，都要先进行机械练习，然后进行有意义的练习，再进行交际性练习，使学生最后能运用所学的新材料进行交际。不能把语言操练和语言交际对立起来，而是要看到它们之间的联系，一步步地将语言操练推向语言交际。

2. 将交际场合迁入课堂练习

教师应尽量将交际场合迁入课堂练习，使课堂练习接近语言交际。教师应该创造一定的情景，多给学生一些用英语进行交际的机会，鼓励学生带着表情和肢体动作进行英语交际，要像演戏一样将生活中的交际场合搬进课堂练习。教师借助适当的表情、肢体动作进行英语交际，不仅能增加说话的力量，还能够激发学生的兴趣，帮助学生记忆，从而提高教学效果。

3. 将交际形式迁入课堂练习

教师应尽量将交际形式迁入课堂练习，使英语课堂教学模拟日常生活中的交际形式，为学生在日常生活中使用课堂上所学的英语创造条件。日常交际形式包括下面一些：问候、打招呼；会话；自言自语；讲故事；对人、物、画面的介绍；请求、命令；解释或说明事物或问题；演说、做报告；作文、写信。英语教学可以采用这些形式的课堂练习，课堂上将生活里常见的交际形式训练到自然的程度，学生的交际能力就会逐渐提高。

英语课堂的活动包括教师组织教学，讲解单词、课文和语法，布置作业，对学生进行奖评和考核，学生请教师解答疑难问题等，所以教师和学生之间不缺乏用英语进行交际的机会。教师要努力将所学英语用到师生间的交际中去，积极扩大使用英语的阵地，这样学生运用英语的能力和习惯才能养成。在注意课堂上用英语进行操练的同时，教师还要注意引导学生在课外活动和生活里使用英语。操练服务于使用，使用是对操练的检查和扩展。只有将操练和使用相结合，英语教学的目的才有可能实现。

第三章　高校英语教学的多视角建设

高校中的多视角英语教学为英语教育带来了很多新的改变，并且在大部分学校都进行了推广与实践。本章就将从高校英语教学的多视角模式理论构建、高校英语教学法的多种流派和高校英语教学的多元化理论与实践三方面进行阐述。主要包括多视角模式下的教学、各种教学法的流派分类与特征、英语的多元化等内容。

第一节　高校英语教学的多视角模式理论构建

一、多视角模式下的教学准备

（一）大学英语教学准备概述

大学英语教师要了解自己的教学对象，主要应了解大学生原有的英语学习基础。并在了解全班学生的基础上，还应对大学生的英语学习情况加以分类，选择好各类学生中的代表，着重对他们在英语学习方面的优缺点，进行细致的分析和研究，以便在大学英语课堂上加以指导，并通过提高他们的英语学习质量来带动同类的其他学生，最后达到全班学生的英语水平都得到提高和发展的目的。

（二）了解大学生的前期英语学习状况

1. 了解大学生前期英语学习状况的基本内容

首先，大学英语教师应该对班级整体大学生的英语学业基础有所了解。了解大学生班级的英语学业基础，主要包括英语学习目的是否明确，有无不良的学习动机；大学生的英语学习态度是否端正；大学生的英语学习风气是否浓厚；大学生的英语学习方法是否科学；全班大学生的智商水平如何；在英语学习上有哪些优势和弱点；全班的英语平均成绩如何等。其次，大学英语教师必须了解大学生个人的英语学习状况。大学英语教师要了解大学生的英语学习状况，必须对以上情况有充分了解。最后，大学英语教师必须了解大学生在英语学习过程中应该遵循的原则。第一，教育性原则。了解是为了教育，了解是为了发展，了解今天是为了明天更美好。第二，理智性原则。人们常把自己“是否喜欢”作为认识和选择事物的重要标准，以致出现“爱屋及乌”的现象。

2. 了解大学生前期英语学习状况的基本途径和方法

第一，大学英语教师可以通过直接接触了解大学生的英语学习情况。大学英语教师要做到腿、眼、脑“三勤”，经常深入学校的各种活动场所中去。第二，大学英语教师必须通过班级成员了解大学生的英语学习状况。师生彼此间没有顾虑，学生才感觉不到思想压力，这样，大学生就能主动地将自己知道的真实情况告知大学英语教师，大学英语教师了解的情况则更翔实、可信、全面。第三，大学英语教师可以通过班主任以及其他任课教师了解大学生的英语学习状况。第四，大学英语教师可以通过家长了解大学生；第五，大学英语教师可以通过社会活动了解大学生。

（三）钻研大学英语教学大纲

1. 钻研《大学英语教学大纲》的意义

《大学英语教学大纲》规定着大学英语知识的范围、深度以及结构，大学英语教学的进度和大学英语教学法上的基本要求。《大学英语教学大纲》的所有内容，均是带有原则指导性的，故大学英语教师必须全面而系统、认真而细致地学习和钻研《大学英语教学大纲》，只有钻研进去，认真研究才能有所体会和领悟。

2.《大学英语教学大纲》的结构

《大学英语教学大纲》的结构一般由以下几个部分组成。第一，说明部分。这部分是为了明确大学英语的教学指导思想，为理解大学英语教学大纲和编写教科书，以及为大学英语教师的教学提供带有方向性和指导性的建议。第二，内容部分。这是《大学英语教学大纲》的中心部分或基本部分，它是对大学英语的基本内容所做的规定，显示出大学英语教材的深度和广度。

3. 钻研大学英语教学大纲应该注意的问题

首先，《大学英语教学大纲》是大学英语教师备课的指导文件，大学英语教师钻研《大学英语教学大纲》必须全面；其次，大学英语教师钻研《大学英语教学大纲》必须结合大学英语教材进行；最后，大学英语教师要充分了解不同年级、相近学科的教学大纲。大学英语教师应当了解相近学科的教学大纲，包括同一年级其他学科大纲和同一学科不同年级的大纲。

（四）大学英语的教学内容改革

1. 提高教师个人的素质

尽管大学英语课堂正在逐渐完成改革，但传统的填鸭式教学仍然会让英语课堂变得更加耗时，且效率很低，而课堂教学的关键就是教师。只有不断提升自己的素质，语言教学才能做好。

2. 创造以“学生”为主体的课堂

目前，多数学生的英语阅读写作能力较强，但听说能力较弱，究其原因，主要是没有一个好的英语语言学习环境。在英语学习中，课堂所占比重较大，因此，课堂中听说环境的营造至关重要。

口语训练可以通过双人对话、小组讨论、自由演讲、事物描述、话题辩论等方式进行，听力训练可以通过边听边写、内容复述或听力答题等方式进行。不管采用何种方法，其主导思想是鼓励学生参与课堂，教师的作用是对学生进行启发式教学，对其表现进行实时反馈，在提高其能力的同时，使其更有信心，更热衷于运用英语，参与课堂。

3. 充分利用多媒体等教学资源

随着信息时代的发展，各种技术和设备层出不穷，这给英语教学带来新的资源和挑战。各种各样的教学资源随处可见且内容丰富，这就要求教师认识掌握各种新技术，并找到合适的教学资源加以利用。

二、多视角模式下的教学评估

（一）大学英语教学评估的现状

1. 现阶段高校英语教学评估的主要方法

一般认为教学评估是指以教学目标为依据，制定科学的标准，运用一切有效的技术手段，对教学活动的过程及其结果进行测定、衡量，并给以价值判断。其目的是“激励学生学习，帮助学生有效调控自己的学习过程，使学生获得成就感，增强自信心，培养合作精神”。它通过多种渠道多种方法收集、综合和分析学生日常学习的信息，了解学生的知识、能力、兴趣和需求，着眼于学生潜力的发展。

2. 高校创新英语教学评估模式建设的必要性

随着应用型高等教育的不断发展，特色院校和特色专业、优势学科发展在国家政策和市场需求的带动下发展迅速，一些传统的老旧教学评估系统已经不能准确地反映教师的教学效果和学生的学习效果，甚至在一定程度上抑制了教师的教学积极性和学生自主学习的兴趣。这就要求必须立足实际情况，认真剖析其中的问题，大胆构建新型的、科学的评估模式来改变现在的不足，应对不断变化的市场需求，培养能为社会服务的有用人才。

（二）构建多维、立体的高校英语教学评估新模式

1. 指导思想

（1）坚持评估模式的科学性

科学性是指评估模式的内容要符合客观实际，要能反映出事物的本质和内在规律，其概念、定义、论点要正确，论据要充分，实验材料、实验数据实验结果要真实可靠。构建新型评估模式一定要坚持其科学性原则，充分保证该评估模式不偏离学科的教学原则，能够服务于学科的发展和进步。

（2）保证评估模式的有效性、准确性

应用型高等院校英语教学新型评估模式的构建过程要充分考虑其有效性和准确性原则。有效性原则是指构建的新型评估模式要在当前的环境下能够真实有效地反映教师的教学效果和学生的学习效果，还要在一定程度上反映学生的学习兴趣和学习积极性。

（3）评估模式要有助于改善教与学的正面反拨作用

语言测试对教师教和学生学总是存在着不同程度的积极或消极的影响，这种影响就是测试的反拨作用。既然测试会对教与学产生正面的激励作用也会产生消极的抑制作用，那么就要研究如何降低负面反拨作用、强化正面反拨作用的措施。

2. 建设目标

通过积极学习，学生可以适应并对新的评估模型以信任，同时愿意通过评估模型来积极地将自身的学习目标进行调整。学生的主动学习能力和水平取决于他们自己最近的发展区域，因此，构建新的评估模型应充分扩大学生的近期发展领域，但需要在经验丰富的老师的指导下或在高年级学生的合作下，因为学习者的独立问题的实际解决水平与潜在问题的解决水平之间存在差距，从而无法全面评估个人的能力。仅关注其发展成果是不够的，还要重视“发展的花蕾”。

3. 评估方式

（1）建立动态评估与静态评估为核心的评估模式

动态评估的理论基础是维果斯基的社会文化理论，包括内化、中介、最近发展区以

及支架等概念，其中最近发展区的概念最具影响力，是动态评估理论的核心内容。动态评估是指向未来的，以最近发展区为其核心理念，是在评估过程中通过评估者和学生的互动，尤其是在有经验的评估者的帮助下，探索和发现学生潜在发展能力的一系列评价方式的统称。

静态评估是指向过去的，指测试者对被测试者按照一定顺序呈现一组题目，被测试者在要求的时间段内对题目进行回答，期间测试者不对被测试者进行任何的干预和反馈，测验结束后，被测试者得到的唯一反馈就是成绩单。

（2）建立以形成性评估与终结性评估为基础的评估模式

作为传统的评估方式，不能忽视形成性评估和终结性评估的作用和价值。形成性评估和终结性评估经过数十年的积累，拥有其独特的功能和价值，也在一定程度上对教师的教和学生的学起到了检验和推动的作用。在构建新型的评估模式中，要正视形成性评估和终结性评估的作用，把它们作为基础评估方式融入新型评估模式。

（3）建立教师评估与学生评估合理并行的评估模式

教学评估是为了更好地服务于教师的教学和学生的学习，在评估模式中认为教学评估的主体都应该参与到新的评估模式中来。最重要的是学生自我参与评估能够形成自我进步。学生通过参与评估能够真正认识到自己的不足，并树立反省、改进意识，产生主动学习、自主学习的意识，改进学习方法，提高学习效率，进而通过进一步的评估，检验学习效果，体验学习乐趣。

第二节　高校英语教学法的多种流派

一、语法翻译教学法

（一）历史背景

语法翻译教学法在所有的教学流派中具有最悠久的历史，也是外语教学界近50年来争论比较多的一种教学方法。根据英语语言教学史的记载，现代语言教学开始于中世纪末。当然，只要有语言教学，教学法自然是其中的一个必要的组成部分。语法翻译教学法的出现与当时的历史背景以及人们学习外语的目的是不可分割的。在18、19世纪，欧洲的一些学校开设了现代外语课程。那时，人们学习外语的主要目的是希望能够阅读希腊文和拉丁文的书籍。他们需要懂得这两种文字，以便进行交流，并且能够使用这两种文字著书立说。由于他们学习语言的主要目的是阅读和翻译，因此在课堂上借助文法进行教学，通过翻译来学习希腊文和拉丁文则显得非常有必要，而且颇有成效。

特定的历史背景以及外语学习的需要是语法翻译教学法形成的前提。同时，人们对语言的研究和产生的认识为这一教学法的发展创造了必要的条件。18、19 世纪的语言研究在以下三个方面为语法翻译教学法提供了相应的理论依据。

（1）18、19 世纪的语言学家把语言看作是词类的划分，认为掌握了词汇，即掌握了所学语言。18 世纪，斯多葛学派最先确定了语法的范畴，包括时态、语态、非限定动词等。之后，亚历山大学派在研究词的基础上确定了八大词类：动词、名词、形容词、代词、副词、介词、连词和冠词。

（2）18、19 世纪的语言学家把语法看作是一种黏合剂，并认为语言学习者只要能够按照语法规则将词汇黏合在一起即可表达思想。在这一认识的基础上，通过对语言规律的研究和分类，他们逐步建立了“希腊—拉丁语法体系”。在这一体系下，确定了主语、谓语、表语、定语、状语等。

（3）18、19 世纪的语言学家认为书面语是语言的精华，并把它看成是不变的经典。因此，语言学习者应该学习经典的书面语。这里指的是希腊文和拉丁文。

（二）教学模式、学习方式和教材

1. 教学模式

以这种教学法为基础形成的语言教学模式可以概括为：阅读—分析—翻译—讲解—背诵，课堂教学安排一般是先阅读文章，教师对课文以及句型进行语法分析，之后逐句翻译讲解。分析和讲解主要围绕着句子的结构、复杂的语法现象以及两种语言的互译进行。最后要求学生背诵有关的段落，熟记所学的词汇和语法规则。

2. 教材

受语法翻译教学法的影响，许多教材的编写指导思想或者编写方式是按照英语语法规则的顺序编排的。这些语法规则的排列不是按照儿童习得语言的顺序，而是根据语言研究者对该语言的词和语法规则的研究顺序排列的。如 20 世纪 50 年代、60 年代以及 80 年代的大学英语教材，都是以语法规则的难易顺序组织编写：先是系动词，如 I am, you are, she is 等，然后是一般现在时、过去时、将来时、完成时，再后面是语态、比较级、分词、动名词等，直到英语的虚拟语气。以这种方式编写的英语教材循序渐进，具有完整的语法体系和从易到难的梯度。可以说，以这种指导思想编写的教材受到教师和学生的肯定，在教学实践中证实也是比较符合中国学生的学习特点和实际情况的。

3. 考试形式

翻译教学法提倡的是对原文的书面理解，强调的是两种语言书面形式的互译。因此，考试形式自然是目的语和本族语的互译，强调意义的准确和语言的流畅。这种翻译考试形式在今天的考试中依然较为流行，因为它能够准确地判断出学习者是否真正掌握了目的语的规则以及理解了目的语的意义。

4. 学习方式

学习者形成了熟背单词和规则习惯；以语法规则为准绳，分析课文中的每一个语法现象；以母语为基础，理解课文内容。除此之外，它对外语教学理论认识上所产生的影响可概括为以下四个方面：①词汇是语言的核心，语言教学的重心在词汇教学；②语法是外语教学之“纲”，语言教学的方式和教学内容需围绕这一中心展开；③翻译是外语教学的主要手段，语言教学实际上是两种语言的翻译活动，也就是通过翻译来学习外语；④翻译教学法强调的是教师的主导作用；认为教师是教学活动的中心。教师的讲解与分析应该主导课堂。

（三）语法翻译教学法的主要特征

到 20 世纪初期，以教授希腊文和拉丁文为基础而建立起来的“语法翻译教学法”在外语教学中逐步形成，并开始占据主导地位。这与当时人们对语言认识的局限性以及学习外语的实际需要是分不开的。这一教学法的主要特点可体现在以下几个方面。

（1）语法体系的完整性和整体性。语法翻译教学法借助原“希腊—拉丁语法”的规则，形成了非常完整、系统的语法教学体系。这一语法教学体系对于初学者以及外语学习者来说是非常必要的。教学实践证明，这一体系有利于学习者较好、较快地掌握目的语的整个结构。

（2）语法翻译法以及建立在“希腊—拉丁语法”规则上的英语语法体系有利于外语学习者认识目的语的形式、不同的词类、句子组合等。它在很大的程度上符合并顺应了人们认识和学习目的语的客观规律，有利于学习者掌握好这一体系。

（3）语法翻译法体现了外语学习的本质功能，即两种语言形式的转换，达到语际信息交流的目的，在一定的程度上验证了学习语法和词汇是一种捷径，翻译是实现信息交流的一种最有效的手段。

（4）语法翻译法重视词汇和语法知识的系统传授，有利于学习者语言知识的巩固，有利于打好语言基础。人们甚至将语法规则比喻成房子的结构，词汇是盖房的砖。只要将这两者相融合，即掌握了该语言。

（5）语法翻译法强调对书面语的分析，着重原文的学习，有利于学习者对目的语的深入理解和掌握。

随着语法翻译教学法的不断扩展，英语教学本身也需要一本自己的语法书。第一本为外语学习者而撰写的语法书于1640年出版。本·琼森在1623年便完成了手稿，然而在1625年的一次大火中被烧毁。几经周折，这本只有50页的语法小册子得以发表。语法书的出版在一定的程度上有效地推动了语法翻译教学法的流行，同时为英语学习提供了方便。

在国外的语言教学研究者中，有许多人从不同的角度对“语法翻译教学法”进行客观地描述和评论。其中，巴鲁姆对这一教学法的优点做了以下概括。

（1）在语法翻译教学法中，精细的语法规则和广泛的词汇知识使得语言输入更易于理解，能够使外语学习者所接触到的各种语言现象系统化，由浅入深地将语言分级处理。

（2）语法翻译教学法能够帮助外语学习者肯定或否定他们对目的语所做出的无意识或有意识的假设，辨别母语与目的语的异同。

（3）语法翻译教学法能够帮助学习者将目的语的结构内化，从而提高其使用外语进行表达的能力。

（四）语法翻译教学法的局限性

语法翻译教学法的局限性主要体现在以下几方面。

（1）语法翻译教学法在一般情况下忽视了口语教学，不重视学习者的口语交流。虽然学生能够具备比较好的语言基础，以及扎实的语法规则，但是他们的口语表达能力较弱，口语交流的意识不强。

（2）过多地重视了语法规则，在一定的程度上束缚了学习者的口语交流意识，妨碍了学习者口语能力的发展，忽视了必要的语音和语调教学。

（3）过分地强调教学的主导作用和教师的语言讲解作用，忽视了学习者的实践，不利于他们语言习惯的形成。

（4）忽视了语言教学中的文化因素，语言运用的内在因素，以及语言在不同情景中使用的客观规律。

（5）语法翻译教学法的教学形式比较单一，实践环节比较单调，造成课堂气氛比较沉闷，不利于激发学习者的学习兴趣。

（五）语法翻译教学法的未来

值得重视的是语法翻译教学法自身也在不断地修正和完善，并努力克服不足，以适应语言教学不断发展的需要。

1980年，史密斯在TF.SOL杂志上发表了一篇文章，其中描述了语法翻译教学法和听说教学法的一个对比实验。在美国宾夕法尼亚州的一所学校，采用两种不同的教学方法教授两个班外国学生英语。其中，一个班采用传统的语法翻译法，另一个班采用听说教学法。经过一年的实验和比较，得出以下两点结论：①第一个班的学生在语法的准确性、翻译能力和阅读能力方面高于第二个班的学生；②在听力和口语能力方面，两个班学生的水平几乎没有差别。

这一实验结论使得人们开始重新看待和认识语法翻译教学法。同时，使语言学家对语法翻译教学法在以下几个方面达成共识。

首先，语法能力是语言交际能力的一部分，也是语言基础的重要组成成分；语法能力的培养不应该与交际能力的培养对立起来。卡纳尔、斯万和理查德、施密特等语言学家认为学习者的语言"交际能力"应该包括四个方面的要素：①语法能力；②社会语言能力；③话语能力；④策略能力。

在外语教学中，人们依然将语法能力的培养放置在语言学习中的一个重要位置。甚至交际教学法的倡导者之一——威多森也强调语法在外语学习过程中的重要性，他说，"交际教学法不是不要语法"。目前，那种将语法翻译教学法和语法能力的培养完全看作是所谓的"旧的教学法""落后的教学观念"等观念正在得到澄清。人们能够更加客观、科学地看待和使用语法翻译教学法。

其次，语法是沟通概念与语境之间的桥梁。人们认识到正确使用语法规则在特定环境下进行语言交流的重要性。在采用语法翻译教学法的过程中，人们更加强调这些规则的使用，更加重视使用这些规则的语言环境。这与单纯地背诵语法有比较大的差别。

最后，语法翻译教学是可以帮助学习者深入获得信息，并到达较高外语水平的一种途径。外语学习者掌握了语法规则后，他们能够使用这些规则对不熟悉的语言现象进行解码，分析和理解无数的陌生语言现象。语法翻译教学可以帮助学习者在一定的时间内提高阅读能力，更准确地获取书面信息。

与过去相比较，语法翻译教学法的教学目的和方式也发生了一定的变化。其目的在于培养外语学习者的"语法意识"，提高学习者使用语法规则的能力，达到语言实际交流的目的。其方式在两种语言互译的基础上，强调外语学习者在某一特定的语境中正确、得体地运用这些语言规则的能力。今天的语法翻译教学法基本上摆脱了完全以语法规则为中心，整个教学活动脱离语言交际环境的现象。它已经形成了在语法规则的基础上，通过两种语言信息的互换过程，提高语言的实际运用能力，进而掌握目的语。

语法翻译教学法从形成至今已有几百年的历史了，它之所以具有很强的生命力的主要原因是它的一些特点符合了外语学习的客观规律，并且它还在不断地修正与完善，所以，在今天的外语课堂上，语法翻译教学法依然占有重要的位置。

二、听说教学法

（一）历史背景

“听说教学法”主要指在外语教学过程中突出听和说的实用训练。“听说教学法”是在第二次世界大战期间在美国兴起的。这一教学法的产生与发展主要基于以下三个方面的原因。

第一，语言学的深入研究与发展为“听说教学法”的形成提供了重要的理论依据。这一教学法主要是建立在结构主义语言学和心理语言学的相关理论基础之上。对“听说教学法”产生影响的主要理论观点可概括为以下四点：①语言是一套习惯。语言学习则指学习语言习惯，通过不断的刺激给出积极的反应，进而帮助学习者形成这一习惯；②语言是行为，也是刺激与反应的结果。只有引导学习者做这个行为，并不间断地实践，才可能学会它；③语言首先是有声的，是讲的话，而不是写出来的文字；④语言不应该是人为确定的规则，而应该是人们如何使用语言的描述。

第二，社会的需要为“听说教学法”的发展提供了重要的基础。第二次世界大战期间，美国发现他们缺少大量的随军口译人员。然而，懂得一些外语的人，大多数只能阅读，而无法从事口译工作。为此，美国政府在各大学的协助下制定了一个军队特别培养方案。同时，征求了当时许多著名的语言学家的意见，如博厄斯、萨丕尔、布卢姆菲尔德等。他们都认为，外语教学不成功的主要原因在于那些没有多少实际意义的、似是而非的语法教学和答题式的翻译练习。他们主张让学生大量地接触口语素材，而将阅读训练减少至最低限度。培训计划以布卢姆菲尔德的小册子《实用外语学习纲要》为依据。这个培训计划有两点鲜明的特征。其一是营造了良好的外语环境。在外语培训基地，学习者接触的基本上都是目的语。其二是带有强化性质的口语句型操练。学习者不断地模仿、复述口语句型，以便达到非常熟练的程度。这一计划及训练方式取得了较大的成绩，以至战后仍有很多学校相继使用这个办法。

第三，外语教学发展的需要为“听说教学法”的形成和推广创造了必要的条件。语言学的新认识，社会的需要推动了外语教学的改革，促使新的、适合社会需要的教学方法的产生。原有的教学方式也在改革，然而人们更加需要的是一种令人感到耳目一新的教学方式。在这种想法的驱使下，许多语言学家开始将结构语言学理论以及心理语言学理论移植于外语教学，逐步建立起一种新的教学理论和教学体系。

（二）听说教学法的主要特征

1. 听说为先

“听说教学法”把听说能力的培养当作外语教学的主要目标，同时将听说能力看作是培养读写能力的基础。语言材料首先要经过耳听、口说，之后才能落实到书面文字上。

2. 句型为纲

句子是表达意义的基本单位，句型被当作是无数句子中归纳出来的、具体化的句子模式，是语言遣词造句规律的体现。外语教学应促使学生熟练地掌握外语的基本句型，培养学生根据句型类推出大量新句子的能力。

3. 重复操练

听说教学法强调语言学习是过渡学习的观点，要求学习者经过大量、反复的操练，从而达到自动化地掌握语言材料的程度，同时它还要求应当尽量避免和及时纠正学生的错误。

4. 趣味与实用并重

重视教学内容的趣味性和实用性。在教学材料的选择上，不再采用枯燥、单一的古典文本或书面体素材。

以“听说教学法”为基础形成的教学模式是：机械性操练—背诵—理解性操练—使用。这种重复性的、机械性的句型操练对学习者掌握基本的语言表达方式起到了重要的作用。

（三）听说教学法的局限性

句型操练往往是脱离了语言内容和社会语境，不利于培养学生运用语言形式适宜地进行交流的能力；由于强调了听说能力的培养，学习者在写和阅读技能的培养方面则相对较弱；学习者对目的语的语法体系的了解和掌握程度不是很好。

值得重视的是今天的“听说教学法”与 20 世纪 40 年代的听说法相比较也有很大

的区别，这些区别反映在教学侧重点以及对口语教学的认识两个方面，概括如下：①更强调学习者口语交流的参与意识和实践意义；②更重视口语教学内容的实用性、真实性和趣味性；③更强调口语的可接受性以及口语表达的习惯性；④更重视口语教学的语境及话题，不再是机械性地重复和模仿；⑤更强调口语教学的互动以及交流性，不再局限于单向的句型操练。

"听说教学法"的一些教学观点以及基本的教学原则在今天的口语教学过程中依然显而易见，仍然适用于今天的口语教学与实践。

三、直接教学法

（一）历史背景

"直接教学法"起源于19世纪末期，法国拉丁语教师古安于1880年发表了他的一本重要的著作《语言教学艺术》。古安称自己的教学方法为"直接法"，亦称"自然法"，主要指在教学和学习过程中不依赖于学习者的本族语，而是通过思想与外语的直接联系组织教学。这一教学方法后来改名为"直接教学法"。古安发明"直接法"有着相关的背景。他去德国学习德语时，采用了他教授拉丁语的方式。他花了较多的时间记忆语法规则和不规则动词，结果在课堂上他还是很难听懂德语。然而他发现儿童学习外语则非常快，他们并没有按照语法翻译法那样先学规则，后学单词，然后查词造句。在观察的基础上，古安发明了一种学习句子的方法。每个句子先听，然后通过看和动手来巩固。整个教学均与动作相联系，与日常生活有关。这一方法与"语法翻译法"在三个方面产生了较大的差别，并给人一种新的感觉。

然而，进一步推动和使"直接教学法"得到普及的是贝力兹、帕尔默和艾盖尔特，他们没有阐述教学思想的论著，其教学主张是通过编写教材和教材用法说明得以体现和贯彻的。其思想主要反映在以下几个方面：①培养口语能力，以达到用外语思考的境界为主要教学目的；②采取外语单元教学，完全不使用学生的本族语；③采用在教师引导下进行会话、问答为主体的教学形式；④有计划地、而非随意地选择词汇，选择标准是词在口语交际中的使用频度；⑤语法在语言教学中不再起主要作用，所以语法教学被放置在一个次要的位置。

贝力兹和帕尔默的教学思想得到比较广泛的接受，并在一定的范围内付诸实施。可以说"直接教学法"的产生与贝力兹和帕尔默有着直接的联系，同时与当时的历史环境，以及人们对外语的需求发生变化有着必要的联系。首先，社会的发展，不同民族之间的交往要求人们能够用外语交流。这种对口语的需要是产生“直接教学法”的社会背景。此外，人们对语言所产生的新认识，也促使外语教学采取新的实践方式。“直接教学法”产生的背景主要有以下三点。

首先，人们逐渐地认识到语言是一种社会现象，外语学习应该满足社会的实际需要，特别是对口语的需要。因此，语言教学及语言学研究的注意力应该从书面语或文字转向口语和语音。

其次，外语教学的“改革运动”推动了外语教学方法的改革。1882 年德国语言学家菲埃托发表了《语言教学必须重新开始》一书。该书的出版引起了外语教学界的轰动，并展开了“改革运动”。他在书中批评了语法翻译教学法。他主张从语音和生活会话入手，让学生学习一些连贯而实用的句子，并通过姿势和图画来教授新的语言素材。改革运动为语言教学开辟了一条与语法翻译教学法不同的教学途径。这一途径主要基于以下教学主张：①外语教学应该以语音训练开始，从日常生活的口语形式入手，对语音的掌握是学好外语的关键；②口语训练是外语教学的目标，也是外语教学的主要方法。语言材料应该以日常口语和生活素材为主；③在教学过程中，应尽量避免使用本族语，尽可能让学习者用外语思维；④外语学习的初级阶段应采用归纳法。让学生从接触到的语言材料中归纳语言规则。系统的语法教学应该在高级阶段进行；⑤笔头翻译要放到外语学习的提高阶段进行。

最后，“语法翻译教学法”所暴露出来的主要缺点也构成了外语教学法改革的主要原因。此外，人们对传统的语法翻译理论提出了两点批评：①语法翻译家任意地规定了哪些语言规则是正确的，哪些是非正确的；②传统的语法规则是以拉丁语法为基础，并牵强地将不适宜的语法规则用于像英语这样的活语言。这两点批评也从理论上动摇了“语法翻译教学法”，同时为“直接教学法”的产生创造了必要的条件。

（二）直接教学法的主要特征

在“直接教学法”思想的影响下，所形成的主要教学特点可概括为：①在外语教学中首先强调口语教学，重视学习者口语表达能力的训练与培养；②外语教学需要突出口语体的实用性，以及口语表达的流利性；③强调学习者用外语思维，教学过程借助直观教具，重视语言交流过程；④强调语言教学活动和教学内容的趣味性，重视调动学习者的学习兴趣。

在“直接教学法”的基础上，所编写的教材具有以下主要特点：①教材内容口语化，重视内容的趣味性，并贴近日常生活；②强调口语实践，具有较强的实用性；③教材难度适宜,易于理解和记忆,强调利用直观教具的作用。

这一教学模式对于学生的口语培养具有比较好的实际效果。在今天的外语教学中,仍然可以感受到“直接教学法”的影响,特别是在口语课和会话课上,更是能够看到它留下的明显痕迹。

(三)直接教学法的局限性

“直接教学法”的不足也是比较明显的。首先,它过分地强调了直观教学的重要性。有些教学是不可能采用直观的方式完成。虽然在学习者初级阶段,直观教学方式是可取的,但是到了中级和高级阶段,则很难实现;其次,不引入语法规则对于学习者更加深入地理解目的语,更好地掌握该语言体系不利;最后,完全摆脱母语的帮助对于学习者是否有利,对此人们也提出了质疑。

四、交际教学法

(一)历史背景

交际教学法的理论基础是海姆斯提出的交际能力理论。交际理论从语言交际的角度向人们解释了语言的本质。他认为交际是在特定语境中说话者和听话者、作者和读者之间的意义转换。交际能力包含了四个重要的参数,即:①形式是否可能;②实际使用是否可行;③根据上下文是否适宜;④实际上是否完成。在解释交际理论的同时,海姆斯提出了一个重要的观点。他认为,语言是一种社会文化现象,所以对语言的研究不能仅仅局限在语言本身的句子结构上,还应该在真实的社会环境中对语言进行研究。因此,只解释和确定本族语言的语法知识,而不分析和了解语言使用的规则显然是不全面的。海姆斯的一句著名的格言是:“没有语言使用的规则,语法规则将变得毫无意义。”

海姆斯的一些观点被人们较广泛地接受,特别是那些不满足于对语言形式和结构分析的语言学家。同时,他的观点对语言教师也产生了很大的启发,使人们能够从另外一个角度去认识和看待外语教学过程以及教学途径。他的观点引起的三点重要启示是:①语言教学的目的不应该仅仅局限在传授语言知识或者语言的形式上,而应重视学习者在真实环境下语言交际能力的培养;②外语教学需要同目的语的文化相结合;需要同语言使用的环境相结合;③外语教学需要强调教学过程的交际性和教学内容的真实性。

在海姆斯“交际能力”理论的基础上,卡纳勒和斯万从语言教学的角度进一步地解释了“交际能力”。他们的解释被更多的人所接受。他们将“交际能力”分为四个方面的知识和技能。①语法能力。这主要指掌握语言规则知识，其中包括词汇、语法、语音、构词等，也就是理解和表达语言的字面意思所必需的知识和技能。②社会语言能力。这包括目的语民族的社会文化知识、习俗、礼节等，还包括在不同的社会语言环境中恰当地理解和表达语言的能力。③语篇能力。这主要指根据不同的题材（如叙述文、科学报道、商务信函、文学读物等），把语言形式和语言意思结合起来，组成统一的口语体或书面体。篇章通过语法形式的衔接和不同意思的连贯而获得。④策略能力。指交际者为能够顺利地完成或提高交际效果所使用的各种有效的技能和方法。

这些策略可以分为五类。①回避：避开某些话题，防止某些话题的出现，如发现话题过难，就可以放弃，并开始新话题等；②释义：能够用意思相近的单词和语法结构来表达想要表达的意思，如果找不到近义词，则采用造词的方式造就新词；③求助：这表现为查词典，问外国人，或在交谈中用声调希望得到对方的帮助或者确认；④转换：这种策略主要指在语言交流的过程中，把要表达的意思一个字一个字地译成外语，不顾这个字或句子是否确切，或者在表达时夹有母语词语的表达方式等；⑤身势语：指有意识地表达某种意思或感情所做的手势、姿势或面部表情等。

“交际教学法”的形成与发展主要基于以下语言教学观点。第一，语言的主要功能是交际。语言教学的目的是使学习者具备相应的语言交际的能力。第二，语言是一种表达意思的符号体系。语言教学在掌握语言符号体系的基础上，应该重视语言意思的交换。第三，语言的结构反映了语言的功能和交际用途。语言教学应该认识到，教授和掌握语法规则主要是为语言交流服务的，不是语言学习的最终目的。第四，语言的基本单位不仅仅体现在语言的语法和结构上，也体现在话语所反映的交际含义上。语言教学需要重视语言交流的环境以及语言的适宜度和可接受性。第五，语言的交际作用是双向的意义转换。语言教学需重视交流的过程，以及具体环境下交流的意义。

（二）交际教学法的主要特征

“交际语言教学”在教学过程中主要有以下特点。

（1）强调教学过程的交际化，突出学习者的语言交流和互动作用，在交际化的教学中，教学的重点已从语言的形式转向内容；单向的语言知识的传授转向双向的互动式的语言实践。

（2）重视教学环境的真实性，以及语言实践环节的模拟性。在外语教学中，如何积极的创造语言交际环境，使学习者在交际活动中掌握使用语言的能力，则是体现交际性原则的一个重要方面。

（3）在交际化的教学过程中应该以学习者为中心。以学习者为中心开展的课堂活动一般被看作是一种主动的学习过程。在这一过程中学生需要扮演积极的角色来吸取新的语言内容,同时运用所学语言去表达自己的思想。

(4)强调教学内容的真实性。培养学生的语言交际能力需要教学内容比较真实,尽可能靠近现实生活。那种书面体的语言在实际生活中人们很少使用,或者很难遇见。以这样的教学内容为基础的外语教学是很难培养学生的语言交际能力的。

(5)重视教学方式的真实性。为使学习者能够参与各种语言实践活动,教学的组织形式也做出了相应的变化。比较普遍采用的方法有:Role-play(角色扮演)、Group discussion(小组讨论)、Pair-work(团队合作)、Simulations(情景模拟)等。

在交际教学思想和交际教学大纲的影响下,相应的教材也随之出版。20 世纪 80 年代以来,具有一定代表性的以“交际教学法”为依据而编写的教材有:Communicate in Writing(书面沟通)、Functions of English(实用英语)、Task Listening(听力任务)等。这些教材有一个共同的特点,即取材于人们的实际生活和日常的交流活动。

(三)交际教学法的局限性

交际教学法在外语教学中有它的优点,同时也暴露出它的某些不足,主要反映在以下几个方面:①交际教学法在某种程度上使外语学习者不能够很好地掌握目的语的语法体系;②过多地强调了口头交际能力的培养,而影响了学习者的阅读能力;③交际教学法的本意之一是弥补其他教学流派忽视语言运用的不足,然而,它并没有很好地达到这一目的,它只是让学生孤立地记住功能、情景和语言表达形式的对应关系;④在具体的教学实践中还有一些问题不能解决,如对课堂上创造真实的语言环境,许多人一直表示怀疑。假使总能够创造一个相对真实的语境,那么在模拟的、一个假象的环境中如何达到真正的语言交际目的也使人们感到怀疑。

第三节 高校英语教学的多元化理论与实践

一、英语教学应注重多元取向

要实行多元化,大学英语教学首先必须更新教育理念。大学英语难免具有功利性目的,必须考虑学科特点,根据不同的专业、个体需要而采取多元取向:“加大学习和吸纳先进教学理念的力度;强调综合语言运用能力;强调适应个性需求,为学生的自主选择和自我发展提供机会；强调多元化评价，特别是强调学生信心的形成性评价。”在大学英语教学过程中，注重人文性、文化意识、情感态度和学习策略，应该成为丰富大学英语教学理念的新举措；在教学中，应该注意体现主流的和具有变革性的学术知识，注意进行对实际生活的反思和批判性思维以及比较分析等一系列活动，注意揭示世界上的民族和文化具有的异质性，注意探索和使用新的教学法。

作为一门实践技能课，英语教学不仅是传授英语语言知识，更重要的是培养学生运用这些知识的能力。大学英语教学就是要为学生提供一个相对真实的语言环境，作为“在教师指导下运用英语进行语言交际的各种实践课”，英语教学首先必须遵循语言教学的特点和规律，通过实际有效的语言练习和使用，培养学生的英语交际能力；在学习的过程中，汉语和英语相互作用，正面的和积极的影响可以使两种语言水平得到共同提高。然而，这种能力的培养又离不开英语思维和文化的传统、特点的学习。因此，教学中还需要利用英语进行创造性思维能力和创造能力的培养。在学习中，只有让学生掌握了语言表层下面的思维模式和文化渊源，才能够真正培养学生运用英语进行跨文化交际的能力。这是一个由陌生到熟识的认知过程，也是一个不断学习、认识、模仿和创新的过程。

英语学习的最终目的是要掌握一种学习、工作和对外交往的工具，它必然涉及跨文化因素。英语水平的提高，涉及母语水平、相关文化和整体文化素养的培养，学生将得到对中外语言和文化同质性和异质性的认识。它涉及语言文化的各个层面，涉及政治、哲学、思维模式等。要真正培养学生这种英语语言和跨文化交际能力，其实就是要跨越差异，寻求中间地带。

这正是大学英语教学的大趋势、大策略，即增强学生的“文化主体性”，采取一种以中国文化为底蕴，有机地整合其他文化的大学英语取向。英语学习使学生直接面对东西方文明的广泛交流，既有对异族语言文化的学习，又有对本族语言文化的再认识，在这一交流过程中，强势文化自然向弱势文化流动与传播，结果各自得到优化和超越，共享彼此的发明与创造，分享各自对生活的感悟。

大学英语教学必须具有时代特色，采用最先进的科学技术为之服务。英语具有很高的全球通用性，这体现于语言交际、计算机语言、科技术语和国际交流之中，它是国际往来和科技交流的主要语言，影响遍及社会生活的方方面面，英语教学自然也不例外。广播电视、音像设备、多媒体、计算机辅助教学、网络教学等新科技的广泛应用使大学英语教学多元、立体、多方位成为可能。大学英语教学真正实现听、说、读、写、译能力综合训练和培养，是时代紧迫的客观要求。教师学习和掌握最新的科技手段，必将极大地促进英语教师的提高和英语教学的进一步发展。

二、英语文化教学理论与实践

（一）现代英语文化教学理论

1. 现代英语文化教学的目标

微观层面，外语教学的目的是交际能力；宏观层面，外语教育的目标是社会文化能力，即运用已掌握的知识、技能对社会文化信息进行有效的加工，使人格取向更加整合、潜能发挥更充分。社会文化能力具体又由语言能力、语用能力与扬弃贯通能力组成。

除了强调文化教学与培养学生人格、价值观的关系外，学者们还指出应培养学生在真实交际中、在理解和运用基础上的创新能力。文化创造力是学生的一种能动性，一种主动从外国文化的源泉中摄取新东西的能力。增强学生对外语文化和母语文化差异的认识，丰富学生外语学习的经历，帮助学生突破母语特定文化交际的模式和范围，从而培养学生对外语文化规约的认同和尊重的态度，帮助学生在交际中实现从适应、过渡到跨越，进而实现超越的跨文化交际过程。

2. 现代英语文化教学的原则

（1）阶段性原则

阶段性原则是指文化渗透的内容应该根据学生的语言水平和接受能力，充分考虑到学生的认知能力和年龄特点遵循由浅入深、由简到繁、由现象到本质这样一条主线，循序渐进地对文化内容进行逐步的扩展和深化。

（2）系统性原则

文化是一个整体，具有不同的结构和层次，因此在交流中需要用到文化的情况下，应当首先充分考虑到文化的各个要素和差异，并对文化进行一个整体性的把握，从而才能更好地进行使用。

（3）适度性原则

适度性原则主要是指教学内容和教学方法的适度。文化导入是直接导入还是间接导入需要把握好分寸，分清主次，如属于主流文化的东西应该详细讲解，适时引入一些历史的内容，以便学生理解某些文化传统和习俗的来龙去脉。

（4）交际性原则

人们用英语进行交际时，无意识地会把自己的母语文化带入到双方的交际之中，这时母语文化与目标语文化就可能出现一定的冲突。为了避免跨文化交际的冲突，保持人们交流的畅通和交谈信息解码的准确性，我们在学习英语时要根据实际需要，注重英语国家的文化知识的量的积累，恰当、灵活地运用这些知识。

（5）开放性原则

由于文化广泛而复杂的内涵及外延，想要在有限的课堂教学里完整地进行英语文化教学是不现实的。因此，在英语文化教学中要充分利用第二课堂进行文化教学，培养学生的跨文化交际意识和能力，力图提高学生对中西文化差异的敏感性和适应性。

3. 现代英语文化教学的方法

（1）附加法

附加法是指教师可以在英语教学中适当地添加一些文化知识内容，作为英语教材的附加内容。附加法有助于学生系统地掌握英语国家的基础文化知识，教师也可以向学生推荐有关英、美国家文化背景的书籍，并以书中内容为主题开展问答讨论、知识竞赛等活动。

（2）体验法

体验法包括直接体验和间接体验。

①直接体验是让学生直接与外国文化接触，比如学习有关外国文化的课文、与外国人交流、观看外国电影等。直接体验法有助于学生在体验的过程中提高跨文化交际能力以及获知外国文化的能力。

②间接体验是让学生在不知不觉中接触并了解外国文化知识。间接体验的教学内容大多隐含在语言教学活动之中，因此对学生语言能力的要求相对较低，较适合小学或是中学的英语文化教学，而直接体验则更适合高中或是大学英语文化教学。

（3）融合法

融合法就是在语言教学的过程中融入文化教学的知识目标、态度目标、能力目标等内容，学生在学习语言知识和技能的同时不自觉地掌握文化知识。具体来说，就是在编写文化题材的课文和语言材料时采取文化会话、文化合作、文化表演、文化交流等方式进行外语课堂教学。这种方法要求在教材和教学方法中系统地、恰当地将文化知识融合到课文与教学中去。

（4）实践法

实践法就是学生在教学实践中亲身参与文化交往，使他们在实践的过程中获得文化知识。在课堂上，教师也可以通过设置特定的交际文化情景，帮助学生有意识地融入英语的生活环境中。教师还可向学生推荐一些难度适中的阅读文本，通过阅读提高他们对英语文化的了解。

（二）现代英语文化教学实践

1. 角色扮演教学实践

①使参与的学生在人际交往的场景中清楚地了解相关技能，以及有效的和无效的行为所产生的影响；②教师可以通过参与表演的小组对有效和无效行为予以更多的控制；③使参与表演的学生有机会在真实的场景中尝试使用和巩固新技能；④参与者有机会感受另一个角色；⑤有助于提高学习者的学习兴趣。

2. 图片展示文化教学实践

①课前任务分配。上课前一个星期，教师可将学生分成四人小组，每组学生收集一些与中西时间观念、行为观念相关的文字、图片和视频，然后整理并制作成 PPT 以备上课时使用。

②课堂展示。课堂上，教师可从每组选出一名学生（或由组内成员推选一名学生）上前展示自己制作的 PPT 文稿。

该教学实践以培养学生的文化语言输出能力和跨文化交际能力为导向，遵循中西文化双中心原则，从多维度灵活设计文化教学，使文化教学不再死板，同时也极大地突出了学生的主体地位，充分调动了学生的积极性、主动性，锻炼了他们搜集信息、发现差异、分析问题的能力，最终使学生深刻认识到中西方时间、行为观念上的差异，这必将有助于他们日常的英语语言学习，有助于切实提高他们的跨文化交际能力。

三、英语情感教学理论与实践

（一）现代英语情感教学理论

1. 情感教育的必要性

英语教学是融听、说、读、写于一体的活动，学生只有在和谐的环境中才能大胆开口，尤其是对于后进生，教师热情鼓励的眼神是他们找回自信的钥匙。这样就可以调动学生学习的主动性和积极性，就会使课堂气氛活跃，提高教学效果。

融洽的师生关系是创造和谐情境的前提因素，学生感到有意思一想参与一积极参与一获得成功后的喜悦，产生进一步学习的需要。教师认真备好每节课，精心讲课，是老师对学生付出爱的一个方面，教师通过爱的情感去开启学生的心扉，使之乐于接受老师的教诲。这就是通过“动之以情”来达到“晓之以理”。老师对学生的爱将会赢得学生的尊敬和钦佩，学生才会喜欢这个老师，融洽的师生关系—和谐的教学情境—积极情感因素的调动，这一系列递进关系是教师在教学过程中应当遵循的原则。

美国心理学家利珀对情感的这种功能有过这样的评价：没有动机就没有行动，而情感体验就代表着极端的动机—能量。

融洽和谐的师生关系的建立是进行情感教育的前提，它具有多种效应。一是宽松，师生有一种宽松感、安全感，因而能够无拘无束地、愉快地生活和学习，从而才能最大限度地激发学生的聪明才智和创造性。二是信任，指的是人际交往的意愿。喜欢有趋向性，即喜欢听谁的，不喜欢听谁的。师生关系好，教师输出的信息就会在学生头脑里畅通无阻地出现一种“易接受”的心理优势，从而取得最佳的教学效果。三是期待，教师对每一个学生充满信任和期待，就会使学生得到一种潜在的鼓舞和力量。四是感染，师生关系好，教师的模范言行、治学态度都会给学生以好的感染。

实践证明，学生喜欢热情和蔼、敬重学生、耐心指导、诲人不倦的教师。课堂教学要想获得成功，除了教师要增加情感投入，并积极调动学生的情感因素外，还要充分利用教材，挖掘教材中的情感因素，充分发挥兴趣的“营养剂”和“动力派”作用。

2. 英语情感教学中存在的问题

（1）教师对情感因素的认识不够

近些年，很多大学因扩大招生而导致学生人数剧增，加之课堂教学借助于先进的多媒体教学技术等客观因素，导致很多大学的英语课堂教学采用大班授课，英语课的课时安排相对较少，任务繁重。为了完成教学任务，英语教师过分强调语言学习的认知因素，如语言点的讲授以及课程进度的完成情况，而忽视了对情感因素的认识。

（2）学生缺乏情感意识

尽管很多中国学生在很早就开始学习英语，但对英语的情感态度却并未随着年龄的增长、与英语接触机会的增加而增长，反而还有所下降。

在信息国际化的今天，学生对于英语学习和使用的真实情感态度是不容乐观的，大学英语教学必须要在学生走出校门之前加强对学生良好情感态度的培养，从而使学生在离开校园以后能够通过自身的努力获得长远的发展。

（3）课堂缺乏情感互动

由于受到传统英语教学模式的影响，很多英语课堂都缺乏良好的、互动的课堂教学气氛，这非常不利于调动学生的学习兴趣，同时学生的自信心与情感体验等也无法得到加强。

3. 现代英语情感教学的方法

（1）充分认识情感态度在英语教学中的重要性

培养学生的情感态度虽然听起来让人感到很抽象，但它无处不在，英语教学的每一个环节中都有情感态度在起作用。英语教师应在课内外教学中利用一切可以利用的机会和场合，创造出切实可行地对学生进行情感态度培养的有效方法。情感态度的培养是英语教学从始至终的任务。

（2）建立良好的师生关系

良好的师生关系对增强学生的自信心、激发学生的学习兴趣、减少学生的恐惧心理等都发挥着重要作用。因此，教师有必要注重学生的情感，与学生建立良好的关系。尽管很多的情感因素有外显的表现，但更多的情感是内在的。教师只有与学生建立了良好的关系，才有可能进一步了解学生的情感，学生也才有可能愿意与教师沟通、交流。

（二）现代英语情感教学实践

比如，一篇文章介绍了英国三个非常传统的重要的节日，即复活节、五旬节和圣诞节。教学形式是一个班，教学流程为：当教师讲解完“圣诞节”这一段文章的语言点之后，为了活跃课堂气氛，丰富课堂内容，为学生创造更多机会以便充分发挥他们丰富的想象力和创造性思维能力，并能流利地用英语表达他们的想法。教师需在课前准备一个有关圣诞节的故事在课上讲述，故事的基本情节是：一个五六岁的女孩在圣诞节前夕，为父亲精心挑选了一份圣诞节礼物——一个精美的烟斗，当她怀着高兴的心情回家，准备拿出心爱的礼物时，母亲却告诉她：“父亲已决定戒烟了。”

接着教师特意提出了下面三个问题：① What do you think about the end of this story？（对于这个故事的结局你怎么看）② Can you create some other endings apart from this one？（你可以编写其他不一样的结局吗）③ What can we learn from this story？（从这个故事中我们能得到哪些领悟）。

教师希望学生通过对这则故事的学习，可以深切体会到父女之间亲情的珍贵，增强学生与其父母之间的深刻情感，增进父母与孩子之间的民主、平等和友好关系，使学生在以后可以更加关心和理解自己的父母。

第四章　高校英语语言能力与语用分析

在全球信息化、网络化的今天，英语已经成为国际交流的重要工具，因此如何更好地掌握这一工具是人们当下最为关注的焦点。本章主要分为英语听力与语用、英语口语与语用、英语阅读与语用、英语写作与语用、英语翻译与语用五部分。主要内容包括：英语听力教学概述、英语听力教学的理论基础、课堂口语活动主要类型、制约大学生英语口语水平的因素、大学英语阅读教学理论、大学英语阅读教学策略研究、高校英语写作教学的现状、高校英语写作教学存在的问题、影响英、汉习语翻译语用等值的因素、英、汉思维差异对英、汉习语翻译语用等值的影响等方面。

第一节　英语听力与语用

一、英语听力教学概述

听力是生活中最常见而又最容易被语言教学所忽视的一项技能。在 20 世纪 70 年代之前，有关语言教学研究的文献中很少专门探讨听力教学的问题。而随着交际教学法的推广，人们开始意识到听力是人语言水平的重要方面，听力教学逐步引起人们的重视，各种形式的考试都把听力作为考查的一个组成部分。从 20 世纪 80 年代开始，有关听力教学、听力技能的研究逐渐增多。

人们对于听力教学态度的转变在很大程度上是因为输入输出假说。该假说认为第二语言习得有赖于大量的语言输入信息，即可理解的输入。也就是说，没有足够的语言输入，学习者是不可能有语言输出的。另外，在 20 世纪 80 和 90 年代，应用语言学的研究者开始从认知心理学中借鉴关于语言理解模式的各种新的理论，区分了“自下而上”和“自上而下”的两种处理模式，并从中意识到背景知识和图式在理解中的重要性。在自下而上的处理模式中，听是一个线性的数据处理过程，理解的程度取决于听者是否成功地对所听到的口语材料进行解码。与此同时，会话分析以及语篇分析的研究成果也对听力教学产生了一定的影响，通过这些研究，人们对口语语篇的结构具有了一定的了解，意识到单靠把书面语篇朗读出来并不能给学生提供合适的听力材料，听力教学中必须向学习者提供适合他们需要和水平的真实的口语材料，真实性因此成为选择听力材料的一个重要标准。

二、影响听力的因素

由上述听的心理过程可以看出，影响听力的因素是多方面的，概括起来主要包括三种，即语言本身的因素、语言背景知识、分析综合能力和心理因素。

（一）语言本身的因素

语言本身的因素包括语音、词汇、句法等三个方面。听的过程首先是听者对于所听到的语音、词汇、句法的感知、识别与理解的过程，因此，听者对语言基础知识掌握的好坏直接影响着他们听力水平的高低。

首先，扎实的语音知识是听力理解的基础。在英语中，有些语音对于中国学生来说是比较陌生而且是难以区分的，尤其是某些元音。在某些辅音簇中的某个辅音也往往会被省略或同化。当然，口语的理解并不完全依赖于对于相似的语音的区分，在许多情况下，上下文的意义可以提供足够的信息帮助听者辨别语音。另外，在英语中，重音和语调也是非常重要的。语言的节奏在很大程度上是通过重读音节的变化来实现的。重读的目的在于表达主要信息的词汇，重读单词的改变往往可以在句子中单词没有任何改变的情况下，导致整个句子意义的变化。

其次，掌握足够数量的可感知的词汇是听力的基础。对于外语学习者来说，遇到生词往往会导致他们突然停下来考虑生词的意义，从而导致听者错过其他的内容。词汇量的不足有时还表现在学习者词义的掌握过于狭窄，对词的多义不太清楚，这种情况很容易导致听者的误解。当然，生词并不一定总会造成听力的障碍，有时候听者可以根据上下文推断生词的意义，而有时候由于生词在整个谈话中不太重要，错过这一单词也不至于导致句子的误解或者不理解。除了语音和词汇知识之外，听者还需要具备必要的句法知识，否则即使听懂话语中的每一个单词，也会因为搞不清句子的语法层次关系而导致对句子的误解。

（二）语言背景知识

语言背景知识对于听者正确地获取信息也是极为重要的。根据图式理论，听的过程就是听者利用大脑中储存的文化背景知识对新的信息进行加工整理的过程。听者需要对所获得信息进行分析、选择、整理，从而获取新的知识。在听的过程中，听者会根据这一图式以及所听到的内容对先前的预测进行验证并补充其中的部分细节。在所听到的内容中，有许多信息是听者已经掌握的，加工整理的重点在于那些未知的新的信息。新的信息越多，处理的负担越重。也就是说，听者已知的信息越多，听起来的难度就越小。对于一个完全陌生的领域的听力材料，听者的困难是很大的。

（三）分析综合能力

分析综合能力主要体现在听的过程中对语篇的理解方面。布莱恩指出，对语篇的理解涉及许多因素，在听力理解过程中，随着语篇的展开，听者需要根据语篇上下文并运用积极的认知策略来理解语篇所表达的意义。语篇是由一系列句子构成的，但句子的意义有时要受到语篇宏观结构的制约，对单个句子的理解并不能说明听话者已经理解了整个语篇。

听是一种接受性的语言技能，在听力训练的过程中，听者无法控制所听到的材料的难度、速度、语调和节奏。这些客观因素有可能会对听者造成一定的心理压力。同时，在听力课上，学生的心理活动容易处于一种抑制的状态，思维变得迟钝，不容易发挥学生的主动性和积极性，课堂气氛也比较沉闷。另外，一些学生遇到听不懂的单词和句子就变得过分焦虑，这会降低信息加工的有效性，加大听力活动的难度。

三、英语听力课堂教学

听力教学的目标是使学生能够恰当、灵活地使用各种听力技巧，最大限度地提高听力理解的能力。但是在真正的听的实践中，可能遇到各种困难。即便学生还不能够完全掌握所学的语法现象和大量的词汇，教师也期望学生能够应对真实的交际环境。这就意味着学生要能够尽量多地理解所听到的语音，分辨出相关的信息，了解主要内容而非逐字逐句地理解。多听可以得到更多的语音输入，而语音输入是语言习得的基础，是交际互动的必要条件之一。教师要培养学生根据不同的语境、输入的信息和目的来调整听的行为，帮助学生建立系统的听力策略，并使用适当的策略来应对不同的语境。

（一）听力策略的培养

听力策略是加强听力理解和回忆所听内容的技巧或者活动。听力策略可根据处理信息输入的不同方法来分类，主要包括自上而下和自下而上两种方法。自上而下的方法以听者为出发点，听者应了解话题所涉及的背景、上下文内容，文章的类型和语言。这些背景知识将有助于听者预测和阐释所听到的内容。自上而下法所采用的方法包括抓主旨大意、预测、推理、总结等。自下而上法以文章为出发点。自下而上所采用的方法包括听具体细节、辨识单词、了解词序的模式等。

除上述两种具体的方法之外，听力教学还要注意培养学生的元认知策略。元认知策略具有计划性、监控性、反馈评估性的特点。元认知理论是指一个人所具有的关于自己思维活动和学习活动的知识及实施的控制。它主要包括两大部分内容：对于认知的知识，即个体对认知活动、过程、结果以及其他与认知有关的知识；对认知的调节和监控，即个体在认知活动进行过程中，对自己的认知活动积极进行监控调节，以达到预定目标。简单而言，元认知就是认知的认知，是个体对自己的认知加工过程的自我觉察、自我调节和自我评价。根据此理论，听力教学中的元认知策略要求听者在听前根据其特定的语言环境确定所使用的听力策略，在听时监控他们的听力理解是否准确，所选择的技巧是否有效，在听后评估是否达到了听力理解的目标，是否在听的过程中选择了有效的听力技巧。元认知策略帮助学生建立系统的听力策略体系，并能够灵活地使用恰当的策略来应对不同的语境，最终达到加强听力理解的目的。另外，熟练掌握听力技巧的听者还能够使用元认知策略来计划、检查和评估他们所听的内容。他们能够确定在特定的语言环境中使用哪种听力策略最为有效，能够检查他们的听力理解是否准确，所选择的技巧是否有效，并且通过是否达到了听力理解的目标，是否在听的过程中选择了有效的听力技巧来评估他们的听力行为。

（二）英语听力教学的三个阶段

英语听力教学可以分为三个不同的阶段，即听前阶段、听中阶段和听后阶段。听前阶段是指在学生正式开始听之前的一段时间的准备活动。在听前阶段，教师需要确定的问题包括：所听材料的大体内容和听的目的；是否需要补充一些背景知识或语言知识；采用何种方法进行听力训练，是自上而下的方法还是自下而上的方法。在此阶段教师需要利用各种听前的活动尽可能使学生熟悉题目所涉及的背景知识，预测将要听的内容并确定适当的听力策略，还要使学生了解所要听的主题、课文的类型以及听的目的。听前的活动主要包括向学生提供背景知识、让学生阅读一些相关的内容、让学生看图画、讨论将要听到的主题、针对将要听到的内容进行问答、介绍听力训练的过程等。这些活动目的在于帮助学生激活相关的背景知识、预测将要听到的内容、解决可能碰到的语言问题以及背景知识的问题等，以便使学生尽快进入听的状态。

在选择和设计听前活动时要注意听前活动所占用的时间不要太长，否则会造成喧宾夺主的后果。要尽可能有利于使学生感觉到后面的听力活动真实自然，贴近现实生活。要使学生通过这些活动了解听力材料中的交际活动发生的时间、地点、参与的人以及他们之间的关系等各种信息，使学生清楚他们听的步骤。与其他三项技能相互结合，有利于综合提高学生的语言能力。

听中阶段是指学生进行听的一段时间，该阶段的目的在于通过学生听的实践以及各种活动培养学生从听到的内容中获取信息的能力，它是整个听力教学的核心部分。

听后阶段是指学生在完成听的过程之后围绕听力材料进行各种活动的一段时间。有些听后活动是听前与听中活动的延伸，与前面的活动密切相关，还有一部分活动与前面活动的关系则比较松散。听后活动的目的在于以下几个方面。

（1）检查听力理解的效果。在完成听中活动之后，教师可以通过口头给出答案、要求学生相互检查、安排小组讨论、要求学生自己核对课本中所提供的答案等各种方式检查听力理解的效果。

（2）反思听中过程的成败得失。教师可以根据本课的教学目标，确定某个或几个听力微技能作为培养的重点，结合学生的实际表现培养学生的学习策略，提高学生的微技能。

（3）给学生机会考虑听力材料中讲话者的态度与方式。在听母语的过程中，听者一般可以较容易地识别讲话者的态度，但是对于外语学习者来说，在听的过程中他们一般把重点放在信息的获取上，而无暇顾及讲话者的态度和方式。

第二节 英语口语与语用

一、课堂口语活动主要类型

（一）故事接龙

学生渴望了解所学语言国家的生活习俗、民间故事、历史事件、名人轶事，也喜欢用新学的语言谈论这些生动有趣的事物，因此，教师可以选用难度适中，情节完整，时空顺序变化少的故事，组织学生接龙讲述或做些其他相关练习。

1. 准备

课前教师需准备一些材料用以展示故事情节，影视故事可选用录像或录音带片段，其他故事则以连环画的形式画在纸板上，每个故事中的录像带片段或纸板画的数量要适中，适合全班学生做接龙讲述。同时，学生应在课前了解熟悉故事背景、故事情节。

2. 接龙

教师根据学生的程度选取一些学生可能使用的词汇、句型进行讲解。之后，由学生讲故事，每人一句或若干句，轮流讲述，直至叙述完全部的情节或描绘出所有画面。针对遗漏的情节或错误的叙述，教师可引导学生以总结的形式进行补充纠正，或将学生分为两组，互相纠正。教师还应组织学生评选出表现最精彩的学生，以鼓励学生的积极性。

3. 对话

按故事片段数或纸板画数量将学生分成若干小组，每组编写一段对话，组里的每个成员扮演一个角色，每组轮流在其他小组面前表演本组对话。将每组的对话串起来编成一部小话剧，教师可引导学生排练表演。

（二）模拟情境

由语言学家奥斯丁创立，赛尔乐发展的情境对话学说认为：言语是由各种情境用语构成的，如打招呼、问路、告别、致谢等，学习者掌握了这些情境用语就能够自如地表达思想、愿望。在英语教学中，教师也应经常模拟各种情境，提高学生在不同情境中的口语技能。

1. 情境创设

例如，教师向全班宣布："我们班李鸿同学即将赴英留学（可以是真实的也可以是假设的），请你对他说几句话。"同学们立即沉浸在即将离别的情绪中。

2. 情境活动

处在离情别绪中的同学们想起他们间的友谊，想起即将到来的离别，纷纷用英语表达了他们的友谊、良好的祝愿；有的还想起了我国古代的送别诗，并进行翻译；还有的同学唱起了苏格兰民歌"友谊地久天长"。就这样，在情境中活动，在活动中体会情境，学生们在教师的引导下，进行生动活泼的口语活动。

（三）小组讨论

小组讨论不仅可以提高学生口语表达水平，而且还有助于培养他们的逻辑思维、辩证思维，促使他们养成独立思考、相互学习的良好习惯。

1. 选题

讨论题目多选用有争议的话题。一般而言，有争议的话题往往是需要大量讨论的话题，而且话题要有挑战性，能够调动学生积极思考，引导学生运用演绎、归纳、举例、类比、说明等逻辑顺序阐述自己的观点。同时，教师还应提供话题的相关素材，开阔学生的思路。

2. 讨论

讨论多以小组为单位，每组成员除讨论外还有其他任务。其中，有负责组织讨论的主持人，有记录讨论过程的秘书和对外总结发言的发言人。通过分工协作，学生提高了参与讨论的积极性，增强了学习热情。

3. 评价

学生在讨论结束时，总是希望教师、同学对讨论结果给予指点，做出评论，也想与其他小组的讨论质量做比较。如果教师评价讨论结果时只泛泛地谈一些语言错误，会挫伤学生参加讨论的积极性；教师对学生讨论的评价应当从多方面入手，有明确标准，也可以组织学生以小组为单位按照标准互相评价，互相评分，以提高学生的鉴别力。

二、制约大学生英语口语水平的因素

（一）缺乏语言交际的环境

在以英语为第二语言的国家（如印度和非洲的一些国家等），新闻媒介、官方文件、广告和教学等为学习者提供了一个比较真实和自然的语言环境。而在中国，很多大学的学生都很难有这样的语言环境，他们的英语课外应用机会极少。人们学习英语的最终目的是能够在真正的交际场合进行有实际内容、有实际意义的交际。大学生们学习英语的唯一用途就是要通过考试，情境的缺乏使得他们很少运用目的语进行交流和思维。

英语口语能力的提高依赖于可供语言大量输入和输出的语言环境。我国外语学习的主阵地是课堂，每周有限的课时难以保证学生有足够语言输入或输出的机会。此外，高校扩招造成的学生数量急剧增加与大学英语教师不足的矛盾日益突出，不少高校只好采用大班上课的方式。这种教学环境违背了语言学习规律，不利于学生口语能力的培养。

（二）教学理念与教学模式陈旧

观念的正确与否是英语教学改革成败的关键因素之一。尽管英语教学相关规定要加强听说能力的培养，提高学生综合应用英语能力，但是相当多的大学英语教师教学理念、教学模式依然陈旧，在教学中仍然把重点放在知识传授与阅读能力的培养上面，热衷于讲解词汇和语法，不重视口语训练。学生上课忙于抄笔记，课后背单词、背例句，很少有机会练习口语。由此可见，教学理念、教学模式陈旧是制约大学生口语能力发展的重要因素之一。

（三）应试教育的负面影响

应试教育的影响渗透到英语教学的每个阶段。小学毕业考，中学毕业会考，中考，高考，大学英语四、六级考试，英语专业四、八级考试及研究生入学考试大多为笔头考试，不要求口头表达；学生应付各类英语水平或能力测试只需书面语不需口语。他们笔试得分高，但口头表达水平却很低。虽然改革后的四、六级考试不设及格线，只发分数单，但这个分数单的作用比原来的合格证书更大。事实上，新四、六级考试的形式及成绩报道方式仍然是大学英语教学的指挥棒，多数高校的大学英语教学仍是应试教育。

三、改进方案

（一）制订循序渐进的教学计划

英语口语涉及音位学、词汇学、句法、语义学、社会语言学以及情境因素等多方面知识。经验告诉我们，非本族语学习者在短时间内掌握这些知识较为困难。因此，教师必须根据学生的实际情况，制订循序渐进的教学计划，逐步提高学生口语表达能力。教师可根据学生的实际情况制定较为详细的学期、月、周教学计划，以求学生在口语实践中，逐步提高自己的口头表达能力。

（二）采用多种训练方法，激发学生口语学习兴趣

口语训练和方法在很大程度上决定口语训练的效果。教师应采用多种多样的方法鼓励学生进行口语练习，创造条件，提供说的机会，可根据教材设计多种练习形式，

如问答、复述、描述、情境对话、看图说话、下定义、释义、讲故事、口头作文现场讨论等，还可在上精读课或阅读课时利用几分钟时间，安排学生报告新闻，在听力课堂上做到听说结合。教师应创造条件使语言教学真实化、课堂社会化，应尽快地使口语训练进入到交际性操练阶段，以提高学生的口语水平。

兴趣是最好的老师。课堂上教师可选择趣味性强的材料来进行口语训练，选择学生感兴趣的话题组织口语活动；可适当穿插英语幽默故事、名言警句，采用播放英文歌曲、英文电影等形式来激发学生学习口语的兴趣；还可采用表演式教学及参与式教学及游戏式教学，开展有趣的英语课外活动等形式来提高学生学习口语的兴趣。

第三节　英语阅读与语用

一、大学英语阅读教学理论

不少中外学者从不同角度研究或提出了行之有效的阅读理论，如外语界比较熟悉的，最具有影响力的有图式阅读理论、阅读模式理论、语篇分析理论、词汇衔接理论和合作学习理论等。

（一）图式阅读理论

1. 图式理论与图式阅读理论

图式概念最早是由德国哲学家康德在其《纯粹理性批判》一书中提出来的，他从哲学层面上分析认为图式是连接人们大脑中纯概念与感知对象的纽带。后来图式理论又经由德国心理学家巴特利特和美国人工智能专家鲁梅尔哈特逐步完善，形成了现代图式理论。它的基本观点认为图式是认识的基础，人们处理外界的任何信息都需要调用大脑中的图式，依据图式来解释、预测、组织、吸收外界的信息。图式理论强调人们在理解新事物时，需要新事物与已知的概念、过去的经历和背景知识，即头脑中已存的与新事物相关联的图式联系起来，否则无法理解输入的新信息。

20 世纪 80 年代，心理学家将图式理论运用到外语教学中，用它来解释阅读理解的心理过程，从而形成了图式阅读理论。图式阅读理论认为阅读过程是一个读者头脑已有图式与文本信息“双向互动”的过程，而阅读理解是文本信息与读者头脑中的图式相互作用的结果。阅读理解的双向过程包括两方面的信息加工过程，“自下而上”和“自上而下”的过程。前者指对文本中字、词、句、段落和篇章由小到大的理解过程，后者指读者根据头脑中的已有图式如文化背景知识，文章主题内容，语篇结构等，对文本信息进行自上而下的预测、验证、修正。高效的阅读理解是在这两个过程的交互作用中实现的。

2. 图式阅读理论类型

（1）语言图式

主要是指读者所掌握的语言文字知识，它包括该语言的语音、词汇和语法方面的知识。如果不具有这方面的语言图式，就无法对输入的文章文字信息进行解码，获取文字的意义。因此，读者要想理解文章，首先必须掌握与阅读文章相关的语言图式，语言图式掌握的熟练程度决定对读的理解程度。

（2）内容图式

主要是指阅读者对所读文章涉及的主题内容、题材或文化背景知识的了解。任何阅读材料都表达了一定的内容和思想，并建立在一定文化背景基础上。在实践中常发现这样一种现象，如果阅读者对阅读材料的主题内容，背景知识比较熟悉，即使在一些文字不熟悉的情况下，阅读者也能比较容易，并准确地理解文章。这主要是阅读者具备了相关的内容图式。读者对于文章内容越熟悉，理解内容就越容易。

（3）形式图式

主要是指读者对文章的体裁和篇章结构方面的知识。文章内容的表述都是按一定顺序和结构形式排列语言的。不同体裁的文章具有不同的结构特点和语篇风格，比如说叙事类、描写类、说明类和论辩类的文章都体现出不同的体裁风格和结构形式。如果掌握了相关知识，就很容易把握文章的内在逻辑关系，理解作者要表达的思想。

在高效的阅读过程中，三种类型的图式运用是相辅相成、缺一不可的。其中“语言图式”是“内容图式”和“形式图式”的基础，负责对语言文字进行解码和整合，并提取意义。语言图式对于理解文本的作用属于“自下而上”的心理加工过程。因此，阅读者首先应具备识别文章字、词、句的语言图式能力，只有在跨越语言障碍的基础上，才能激活和调用更高层级的内容图式和形式图式的资源，才能实现对文章的理解。语言图式在阅读理解过程中具有基础性的地位，但仅有这种图式并不能正确地理解文章内容，还必须激活相关的内容图式，掌握形式图式。即三种图式必须形成一个层级结构，交互影响，单一的图式能力不能达到有效的阅读效果，有效的阅读必须是三种图式合力的结果。

（二）阅读模式理论

1. 自下而上阅读模式

这种阅读模式指的是从词语、词组到单一句子一直到英语文章整体分层次逐一进行阅读理解，强调的是让阅读者从最低级的单词开始理解，最终弄明白整篇文章所表达的内容和主题。该模式能够帮助阅读者在阅读过程中加深对文章中出现的一些语法现象等的理解，但是并不能很好地完成阅读者本身与文章之间的互动交流，也就是说，该模式把阅读过程视为阅读者仅凭文章中分解的因素比如词汇、句式等单向理解文章所传递信息的过程，忽视了阅读者在阅读过程中的主动地位和积极作用。

2. 自上而下阅读模式

学者们针对自下而上模式在实际运用中的不足，提出了自上而下的英语阅读模式，这种阅读模式与“自下而上”恰恰相反，认为阅读者在阅读英语文章的过程中不应该处于被动接受信息的地位，而应该积极运用自己所掌握的英语语言知识，根据从文章中得出的语言线索，对文章表达的内容和主题进行一系列的思考、加工、推测和判断等思维活动。它所强调的是阅读者所掌握的较高层的背景知识对阅读起到的作用，突出了阅读者在阅读过程中的主体地位，但是由于片面强调阅读者主动，反而忽视了同样重要的基础语言知识。

3. 交叉作用阅读模式

这种阅读模式的提出和应用实际上就是前两种模式的有效结合，该模式认为在阅读理解的过程中，阅读者不仅仅要根据文章中的文字、单词进行掌握和理解，还应该充分利用自身已掌握的高层的背景知识对文章进行阅读。它强调了阅读者与文章之间的关系应该是双重方向的，即阅读者本身所掌握的知识与文章中的继成因素如词汇、句式、语法等是可以相互作用、相互影响的。相比前两种模式，这和阅读模式的优点在于对阅读过程复杂性的解释更为全面，在阅读教学中既强调了学生思维能力的作用，又强调了基础知识的重要性，与目前我国提出的大学英语教学大纲要求相适应，因此被教育工作者普遍认可和广泛运用。

二、大学英语阅读教学策略研究

（一）运用语篇教学法

在传统的语法翻译理论的指导下，英语阅读常常重知识点的分析而轻语篇的整体理解，这样“只见树木，不见森林”的教学模式使学生被动接收信息，往往不能紧扣语篇结构做全面的分析。语篇分析理论主张把文章看作整体，从文章的层次结构着手，引导学生注重句子与句子之间的衔接、段落与段落之间的过渡，使学生在语篇基础上掌握全文，从而提高理解能力。在大学英语阅读教学实践中，运用语篇教学法进行教学的主要环节如下。

（1）围绕文章标题，预测文章内容。文章标题是文章内容的总概括，通过对文章标题的分析，可以有效地预测阅读材料的语篇类型及题材。在此过程中，教师可以围绕标题提一些启发性的问题，这不仅有利于预测文章内容，还为下一步导入文化背景做好了铺垫。

（2）导入背景知识，进行体裁和语篇分析。体裁是文体分析的三个层面之一。体裁分析是语篇分析的一个方面。要让学生学会比较不同的体裁所达到的不同交际效果，就必须在教学中及时导入相应的文化背景知识，只有让学生充分了解不同文体的特点，认识不同文体的结构，才能有效培养学生运用正确的阅读方法来进行阅读的能力，从而提高阅读效果。例如，记叙文阅读时要抓住三个要素：人物、背景（时间、地点）和事件的发生、进程及结果。记叙文常通过时间的先后和地点、空间的转移来描述事情的发展过程。议论文则要抓住论点、论据和论证这些要素。说明文则需要注意主题句及辅助句，说明主题句的辅助部分常用举例的结构形式。

与此同时，读者一定要明确语篇的整体形式。如文章如何开篇，如何结尾，段落如何发展、如何照应，主要观点如何贯穿全文，中心思想如何表达等。

（3）抓住主题句，利用信息传递及组织模式紧扣语篇中句子和段落中心，并进行必要的语法、词汇衔接手段分析和意义连贯推理。在此过程中，教师可以把《新编英语语法》关于“篇章纽带”的知识以及有关语篇衔接与连贯的知识介绍给学生。例如，用表示时间顺序、地理方位、因果关系等逻辑概念的“过渡词语”以达到文章的连贯性和黏着性；或运用“语法纽带”通过使用省略、替代、照应等句法手段达到承上启下的效果。从英汉语篇模式及其主题提出的位置来看，英语本族语者重直线型思维。在英语语篇中，英语本族者倾向于在文章的前一部分（文章的头三分之一段落）提出主题思想。具体到段落中，每段常以一个点明中心思想的主题句开始，接着一层层展开主题，进行论述。

（4）精讲部分重要词汇用法，辨析词义；疏通语言点并提供操练句型。在日常教学实践中，大部分教师都相当重视这一环节。但值得一提的是，词汇语法的辨析讲解需要把握一个度，若过了这个度，整个教学过程就容易给学生一种“只见树木，不见森林”的感觉。

（5）概括全文中心思想。语篇是由段落组成的，每段的主题句基本概括了段落大意，读者通常可以根据主题句推测出语篇的大致内容。换句话说，综合几个主题句就可以概括出全文的中心思想。只要把握住全文的中心思想就能更快、更好地理解文章。

（二）重视文化知识的介绍

文化知识主要是指一些文化背景，包括民族文化、风俗习惯、人物传记、社会经历、政治背景等。文化背景的积累方法包括依靠老师在阅读前进行讲授；靠大量中、英文阅读积累，多读有关西方国家文化背景、风土人情的读物，特别是希腊、罗马文化故事；可查阅有关工具书参考了解有关背景知识；积极主动进行课外阅读。阅读的文章应体裁多样，可以包括记叙文、说明文、议论文等。语言是文化的载体和组成部分，也是文化的写照和表现形式，其产生、发展和变化过程受本民族文化的制约和影响，因而任何语言都带有所属文化系统的特征，包含着深刻的人文属性，体现着其民族的世界观和价值观。

二语习得研究发现，一种语言的习得和使用，不仅仅是语言结构本身的学习和使用，更离不开对这门语言所表现的文化内涵的了解，离不开对形成和使用这门语言的文化背景和底蕴的了解。在阅读过程中，文化背景知识的欠缺、跨文化意识的淡薄会直接影响到英语阅读的各个层面。可以说学生对阅读理解的多少与深浅，很大程度上取决于他们对文章所涉及的文化背景知识掌握的多寡。在大学英语阅读课的教学中，适时而恰到好处地介绍文化背景知识，对文化差异现象进行对比分析和讲解，有助于学生更好地理解阅读材料，激发其阅读兴趣。大学英语的阅读材料涵盖了政治、历史、地理、人文、科学以及风俗民情等各方面的知识。这就要求学生不断扩大自己的知识面，平时阅读时自觉形成收集有关英语国家的文化信息并内化为自己的英语方面的能力。在英语阅读课的教学过程中，对阅读材料的背景知识进行恰当介绍，不但可以激发学生的阅读兴趣，也有助于学生正确理解、把握阅读材料，提高英语阅读课堂教学的效率。另外，通过播放视频向学生介绍英、美等国家的背景知识，使学生吸取知识、提高能力，丰富学生的阅读知识视野。

第四节　英语写作与语用

一、高校英语写作教学的现状

在英语教学中，英语写作始终是一个难以解决的问题。尤其对于中国学生来说，写作是他们在英语学习过程中的一个薄弱环节。在对高校学生英语书面表达的现状和存在的问题的分析中，其中十分突出的一点是：面对写作题目，学生无话可说；千辛万苦写出的文章却难逃内容空洞、语言匮乏的通病。针对高校学生的实际情况，主要从以下四个方面对高校英语写作教学的现状进行阐述。

（一）心理障碍

大多数学生认为英语写作难，害怕写作。一方面，提高英语写作水平费时多、见效慢；另一方面，高校学生思维活跃，情感丰富。然而，当他们被要求用英语来表达自己的思想感情时，却常常因缺少词汇和基本写作技能而感到困惑。同时，相当一部分学生出现畏难情绪，产生信心不足的心态，进而把英语写作看成是一个死板的任务。他们往往不积极主动地去配合教师搞好写作训练，反而产生消极逆反的心理。毫无疑问，这又反过来严重削弱了写作训练的积极性和动力。

（二）写作基础

写作基础主要是指遣词造句的基本功，在这方面，学生最为突出的问题是词汇的匮乏。不少学生在需要用语言表达时，常常感到力不从心，写出来的句子总是令人费解。此外，其他的一些语言错误、语法错误、词汇搭配错误、拼写错误以及标点符号方面的错误也比比皆是。这种语言表达手段的贫乏和错误，反映了学生缺乏词汇的积累和英语句式灵活运用能力的低下。另外，还有一部分学生会随意编造句子，想方设法地去表达自己丰富的思想感情。但是由于长期受到汉语思维的影响，结果却出现了许多令人啼笑皆非的中国式英语。

（三）写作技巧

一方面，许多学生在写作技巧方面缺乏全面系统的学习，这主要表现在写作动笔前不审题、不构思，想一句写一句，东拼西凑，语无伦次，根本做不到主题、段落和句子之间的整体连贯性；另一方面，学生过分注意每一句话的单词拼写和语法，但是忽视了前后句子的衔接，于是整篇文章显得断断续续，主题模糊不清，而这一部分学生又不懂得如何修改文章。

（四）写作内容

实际上，大部分学生所写的作文内容十分贫乏，思路不开阔。这反映出他们思想不活跃，缺乏观察和思考。通常情况是：很多学生每次看着作文题目和写作要求，审题审了半天，可头脑一片空白，根本就是无话可说。最后即使勉强有了一个“成品”，也只不过是词与句的单调、平淡的堆砌之作，并没有实际内容，显得苍白无力。

纵观整个写作过程，学生的写作活动无时无刻不是在教师完全而绝对的控制和支配下完成的，很少有自由创造的空间，纯粹就是机械地输入和输出的过程。长此以往，写作活动就会沦为“集体工厂”里的流水装配和批量生产，使学生在写作中不自觉地处于一种严重的“失语”状态。可以说，许许多多的学生都是在枯燥而痛苦地耕耘着这块贫瘠的作文田地。究其根源，学生其实缺乏的是知识的不断输入、构建和储备。而写作正是语言的输出过程，所以如果没有足够的语言知识的输入，那么写作效果必然难以得到切实的保障，而学生在英语写作中出现“无话可说”的问题也就不足为奇了。

二、高校英语写作教学存在的问题

（一）写作教学方法不科学

在传统的英语写作教学中，高校英语教师经常采用“成果教学法”，也就是将写作教学停留在词汇拼写层面，并在这种理念指导下统一运用“教师命题—学生写作—教师批改”的模式。在这种教学模式下，教师大多会忽视写作过程，过于追求写作成果。这显然不利于学生发挥自身的主动性，导致学生在写作教学中长期处于被动地位，过于依赖教师，如此他们的英语写作兴趣自然也就无法得到实质性的提升，同时学生写作的积极性也会受到打击。这种“成果教学法”由于操作简单，因而常常被大部分英语教师用于写作教学中，其结果是严重影响了大学生的写作学习效率。

（二）学生写作基础较差

目前，部分大学生过于忽视英语写作的重要性，认为写作训练占用大量学习时间，但却收效甚微，对英语成绩作用非常小。许多大学生在英语写作教学中存在严重的急功近利倾向，不愿意循序渐进地学习规律。此外，现阶段大学生的写作水平均有待提高。许多大学生在写作过程中，无法准确地掌握写作技巧和文章的整体脉络，并逐渐产生畏惧心理，对英语写作失去兴趣。同时，部分大学生在英语写作中选择词汇时，存在“初级化”的问题，在进行英语写作时，往往使用中学阶段掌握的词汇，极少选取大学时期掌握的单词，致使作文内容单调、结构松散、层次不清晰，时常出现汉语式思维。

（三）教师不够重视写作教学

高校英语师资力量长期以来一直处于一种短缺的局面，尤其是近年来高等学校不断扩大招生规模，其扩招速度远远快于师资力量的补充速度，造成了高校英语教师授课任务日趋繁重。而在高校英语的传统教学中，大多只注重精读、语法等课程的讲授，而对写作则常常是一带而过。但即使是这些课程，相对于不断增加的学生人数，教师的工作量也是处于不断增加之中。且不说教师本人必须具备的丰富的写作知识和较强的写作技能，单纯就学生写作的评阅和批改工作而言，其对教师来说早已是不堪重负。甚至认为，批改一篇作文，尤其是写作水平较差的学生的作文，教师所付出的精力和时间要远远超出教师本人写一篇同样长度的作文，写作教学任务之繁重由此可见一斑。此外，随着经济的发展，社会对外语人才的需求也在不断增多，人才的流动也比过去少了许多限制，于是一部分高校教师由于利益驱动开始离开教学岗位转向其他职业。这样一方面高校扩大招生，另一方面高校英语教师流失严重，使得高校英语教师短缺的问题更加严重。

三、高校英语写作教学的原则

（一）理论与实践相结合原则

理论与实践相结合，首先，指写作理论和写作实践的关系，即以实践为主，而理论讲解则应简要，并要结合学生写作实践适当给予指点和总结。其次，还要注意写作与学生的生活实际相联系，所谓“用笔不灵看燕舞，行文无序赏花开”，讲的正是这个道理。

（二）学以致用原则

写作练习应以应用文为主，应从学生将来工作的实际要求出发，使学生真正具有解决实际问题的能力。当然，与此同时，也应避免实用主义的倾向。强调应用不等于只学几种应用文的格式和套语，如果这样做，就会完全失去了写作教学的意义。

（三）写作与听、说、读相结合原则

写作课的设计应符合学生的实际情况，为学生提出现实的、经过努力可以达到的目标。与写作教学密切配合的阅读实践，应担负以下三个方面的任务。

1. 将写作技巧与范文分析结合起来

传统的写作教材只注重写作技巧，所举的实例也往往脱离了语境，这样做必然引导学生片面追求修辞手段。修辞手段，乃至整体的文体风格是为文章的总目的服务的，脱离了语境，不可能真正掌握修辞手段。以范文为实例，可使学生举一反三，通过模仿逐步将知识融会贯通于实践之中。

2. 使作文实践有广泛的阅读做基础

自由命题，表面上允许学生自由发挥，但是当学生的写作水平没有达到一定的高度时，效果并不好，写出的文章，或者错误连篇，或者是中文式的外文。但是，仅有命题还不够，还必须有大量与命题相应的范文相配合，以范文引导学生、启发学生。此外，命题还要有一定的灵活性，保证学生有发挥想象力的空间。

3. 提供比较对象

没有比较，就没有鉴别。提高写作能力的行之有效的方法之一，是将习作与范文进行比较。富兰克林在他的自传中谈到他如何提高写作能力时说，在读了一篇故事之后，自己动笔写出同一故事，然后与原文进行比较，看自己的文章有何不足，这是一种在写作教学中非常值得采用且比较有效的方法。

四、高校英语写作教学的具体策略

（一）强化学生的词汇、句型以及遣词造句的基本功

指导学生掌握记忆词汇的方法，词汇是写作的基础，学生只有掌握的词汇越多，运用语言的能力才越强。因此，在写作教学中应重视词汇方面的教学，帮助学生掌握记忆词汇的方法，而不是一味死记硬背。

第一，激发学生记忆词汇的动力，鼓励其在记忆中做到眼到、口到、手到、心到，只有这样才能提高记忆效果。

第二，指导学生平时通过理解性的读课文来记忆词汇，做到“词不离句，句不离文”。

第三，教会学生通过构词法（转化、合成、派生）来记忆单词。词根是单词的核心，掌握了词根，只要知道前缀和后缀，如同滚雪球，词汇量就会越来越多。例如，depend，

通过加前缀和后缀可以变成 dependent、dependable、dependence、independence。

第四，教师在教学过程中，也可运用归类法或同义、近义联想法来开展教学。比如，把词义联系比较紧密或属于同一类别的词汇归纳在一起，比如人的情绪、人的职业方面的词汇。

（二）丰富学生的写作知识

学生对英语写作并不陌生，从接触英语就开始写作文。进入大学后，对于学生英语写作能力有了更高的要求。实际上，英语写作课就是一个系统学习如何写作的课程，主要研究如何用英语清楚而完整地表达思想。英语写作课的内容，一般从遣词造句入手，到段落写作，再扩展到短文的组织。应用文部分除了介绍各类书信便条外，还包括摘要和论文的撰写由浅入深、逐步推进。在学生掌握了基本句型并能写出简单的句子后，再要求学生根据一些体例写出小段的文章。在段落写作中，引导学生分析段落的结构、段落的中心句、句与句之间的逻辑关系、写作手法等，这样有利于后续的文章写作。在文章写作中，学生需要学习如何构思文章、运用正确的写作技巧等。通过这一步步的学习，使学生能够系统地了解英语写作中遣词造句段落发展、谋篇布局、文稿格式等英语写作的基本方法以及摘要写作、读书报告、学术论文写作等基本知识；使学生能够理解英语写作的基本规律及英语成文的规律，进一步强化并使学生能够熟练运用英语结构写作的单项技能训练；使学生能够熟练掌握各种文体的写作技巧，并能运用所学的语言知识，根据不同的写作要求，完成不同文体作文的写作任务。同时，还能使学生具有文章摘要、读书报告、论文写作、报道评论的创造性写作能力。通过英语写作课，丰富学生的英语写作知识，不仅有利于学生建立对本学科知识的系统性认识，还能提高学生的英语写作能力。

（三）培养学生良好的写作习惯

学生平时对写作不够重视，从某些层面上来说主要是害怕写作，对用英语表达没有信心。因此，教师必须帮助学生建立信心、消除焦虑，在平时的教学过程中注重培养学生良好的写作习惯。具体来说，可以采取以下几点措施。第一，在大学起始阶段一定要重视学生写作的规范化，强化学生在写作的过程中简单句式的练习，逐渐运用连词及固定搭配。当然，在引导学生进行简单句式写作的同时，还必须要求学生练习基本格式的写作，如首字母大写、首段空一格、结构按照至少三段的格式书写。第二，在英语写作教学中要采取有效的激励机制，积极鼓励学生写作，对学生进行适当的表扬和惩罚，让学生在英语写作中树立学习英语的信心。第三，在学生写作过程中教师要引导学生贴近生活、贴近实际，使英语写作具有较强的可操作性。

（四）提高学生的实际运用能力

在英语写作教学过程中，要注意联系实际，这主要包括两个方面。第一，在写作主题的选择上要联系实际。所选的写作主题要与学生的日常生活紧密联系在一起，要紧跟时代和潮流的发展趋势，使学生认识到写作并不是一件很难的事情，而是人们在日常生活中可以看到的、可以使用的或者可以讨论的知识。例如，在讲述如何对某个景点进行描述时，指导教师可以选择一些比较有名但是缺乏英文资料说明的景点让学生进行描述，这些景点都是学生知道或者熟悉的，而且相关资料也很容易找到，学生在进行此类写作训练时就会有更大的热情，再遇到这类情况的时候就知道如何进行英语描述。在写应用文时，虽然应用文有一系列规范，但对于不同的人、不同的事情、不同的单位，在实际运用中所使用的表达方式也会存在较大的差异，所以，教师在写作过程中要指导学生如何更确切地表达，从而提高学生的实际运用能力。第二，在教学过程中，要将写作训练和听、说、读的训练结合起来。根据语言习得理论，学习者在学习时，通常事先通过听和读吸取语言知识，从而了解别人的思想，再通过说和写来表达自己的思想，让别人了解自己。大量的听、说训练能促进读、写能力的提高，因此将写与听、说、读的训练紧密结合起来，进行多元化的能力训练，可以使学生的各项能力互相影响、互相渗透、互相促进。在教学过程中，可以开展演讲比赛、辩论比赛等活动，学生自写演讲稿、辩词，教师负责指导，将学生的写与他们的实际运用结合起来，以便更好地提高学生的学习积极性。

（五）提高学生的思想政治素质

写作是一个系统工程，它是作者的思想、知识、技巧等因素的综合反映。苏联教育家马卡连柯说："在写作中起作用的不是材料、技术，而是个人的修养。"个人修养中，思想政治素质起着导向作用，思想政治素质包括世界观、人生观、道德观、价值观、幸福观、责任感、义务感、荣誉感等，它表示作者对客观事物认识的综合反映以及对自己责任、使命的认识。写作的科学性、真实性原则，要求作者必须具备严肃、认真的科学态度，不能为名利而弄虚作假。因此，在高校写作教学中，必须注重培养大学生"实事求是"的科学态度，遵循客观规律，严肃认真，追求真理，树立大学生正确的世界观、人生观、道德观、价值观和正确的政治方向。英语作业中，经常有抄袭现象，而且学生往往以各种借口来逃避责任，毫无内疚之感，对于这种现象必须循序渐进地加以引导。在教学过程中，教师可以选择有意义的写作主题，给学生灌输正确的世界观、人生观和道德观，引导学生用正确的思想和观点去看待论文抄袭现象，教育学生用马克思主义的世界观去分析问题，使学生具有坚定的社会主义信仰，具有强烈的爱国主义、集体主义思想，自觉地把国家的前途、民族的未来和个人的利益结合起来。这样，就可以使学生在上写作课的时候，提高自己的思想政治素质。

第五节　英语翻译与语用

一、影响英汉习语翻译语用等值的因素

首先，由于各个民族和国家的历史发展不同，在其漫长的历史长河中所沉淀形成的历史文化也不相同。历史典故往往具有浓厚的民族色彩和鲜明的文化个性，最能体现不同历史文化的特点。要恰当地翻译这些历史典故，就必须了解它们丰富的历史文化内涵。否则就无法实现习语的语用等值。

其次，英、汉两种语言均有相当长的发展史和辉煌一时的文明。其间涌现了大量的典籍和文学作品，对两种语言中习语的形成及丰富有着不同的影响。英语在其发展过程中，出现了乔叟、莎士比亚、培根、狄更斯等一大批著名的语言和文学大师。他们的作品培养和完善了英语语言的成长。

最后，由于文化习俗和宗教信仰的差异会导致人们的价值观及审美意识的不同，导致人们对同一事物有着不同的甚至截然相反的观点和看法。在审美取向方面，中国传统喜庆偏向红色装饰，而西方则多为白色。英汉文化在价值观和审美观方面的差异影响语词的翻译。英、汉民族存在的文化差异决定了语词表达形式及词义的选择。在翻译过程中，应充分考虑原语词所包含的民族文化与语言个性，充分理解语词所蕴含的独特的文化意味，尽可能结合原文的文化背景，保持原文的语言风格、语言形式及艺术特色。这样才能实现习语翻译的语用等值。

二、英汉思维差异对英汉习语翻译语用等值的影响

首先，英民族偏重抽象思维，汉民族偏重形象思维。英民族重抽象思维，擅长运用抽象的概念表达具体的事物，大量使用含义概念，指称笼统的抽象名词来表达复杂的

理性概念，给人一种虚、泛、曲、隐的感觉。汉语的词形变化比较少，缺乏像英语那样的丰富的词缀虚化手段，从而导致汉语用词倾向具体，常常以实的形式表达虚的概念，以具体的形象表达抽象的内容。

其次，英民族偏重形式逻辑，汉民族偏重辩证逻辑。英民族非常重视形式逻辑，但也不排除辩证逻辑，但相比之下，汉民族更注重辩证逻辑，而不太重视形式逻辑。这一差异反映在语言上就是英语无论是选词造句，还是组织篇章都表现出其注重语言形式上的接合，运用各种有形的衔接手段以达到语法形式的完整，其表现形式受逻辑形式的严格支配，句子组织严谨，层次井然有序，其句法功能一目了然，强调语言的精确性。而汉语重意合，强调语言简洁，在造句、谋篇上逐渐形成了一种注重内在关系、隐含关系、模糊关系的语言特点；造句连篇时，其间的连接少用或不用形式词，重在意念的发展。这些英、汉思维差异直接影响翻译的全过程。语言的转换过程就是一种思维过程，思维差异势必影响和制约两种语言的互相转换，对翻译造成负面干扰，更会影响到习语翻译的语用等值。

主客体因素对英汉习语翻译语用等值也有影响。主客体因素即译者和读者的因素。译者的综合素质如译者的语言修养、知识面，对中西文化背景知识、经验、翻译风格以及审美观都直接影响翻译等值的效度。因此，译者自身水平的高低，即其综合素养也成为影响等值程度的重要因素。一般来说，译者解决问题的能力越强、综合素质越高，获得等值的可能性就越大，等值效度也就越高。

在奈达的动态等值论中提出的读者反应论，其关注点已从往常活译还是死译的争论转移到译文文本的效果和由此引起的读者反应上来，这样就有了一个客观的评价标准，从而使读者反应论和等效论上升到了理论层面。译文的理解应该取决于读者，即不同的知识层面、社会阶层读者的需要不同。翻译作为一种语际交际活动，其目的就是为了排除交际者之间的语言、文化障碍，排除这个障碍就是为了让译语接受者能像原语接受者那样理解、加工、评价所获得的信息。

三、实现英汉习语翻译的语用等值

首先，培养文化意识，达到文化理解，增强对英汉两种文化的了解，使母语文化和目的语文化之间有既保留了本族文化又容纳了异族文化并对双方文化有忽视理解的中间地带，说明了培养文化意识最终必须达到对目的语文化的理解。而使自己不是以异族人的眼光看待目的语文化，从心理上认可其在目的语文化环境中的合理性，调整自我观念，达到文化理解，只有通过培养文化意识达到文化理解才能培养出真正跨文化交际的人才。事实上，在跨文化交际中我们所接触的并非都是来自同一文化的人，因此还须做到不仅使自己拥有本族人对目的语文化的认识，了解目的语的人和其他文化的人对母语文化的认识，使其拥有异族人对母语文化的认识；而且还要了解其他文化的人对目的语文化的认识，这样就能够突出英语的实际应用功能，保留和传播本国文化，尊重异国文化。

其次，了解英、汉思维的差异，潜心培养抽象思维能力。形象思维与抽象思维都是译者从事翻译必不可少的思维活动，抽象思维以概念为思维细胞，而形象思维以意象为基本形式。因此，在翻译过程中，因思维习惯不同造成词义理解困难会影响译文的准确性。由于汉语中缺乏英语中普遍存在的抽象表达手段，翻译时往往难以找到对应词，增加了翻译的难度。因此，在英汉互译的过程中，对英、汉两种语言进行对比研究，掌握英语抽象词的内涵，使抽象的表达具体化，使具体的表达抽象化，使译文符合中、英文表达习惯。例如，在英语习语中，就有许多表示抽象概念的习语，译成汉语时，要用具体的概念来表达。

最后，提高主客体综合素质。习语具有强烈的文化特色，是语言的精华。不同的文化传承、历史背景、背景条件，其习语也存在文化差异。而中国学生易以汉语思维来理解西方的习语，但中西习语不同，这就使得中国学生在学习英语习语存在着母语文化的干扰。要预防这种干扰，就应认识不同民族、文化、历史背景的差异，并在此基础上进行学习。由此可见，在学习习语的过程中，文化障碍是语言交际中有待解决的大问题，但只要以文化知识为起点，以文化意识为桥梁，以文化理解为目的就能使我们在跨文化交际中畅通无阻。

习语是一种特殊的语言现象，是语言的精华所在，它反映了一个民族的文化特征。若想翻译出准确通畅、原汁原味的句子，必须深入了解双方民族的文化传统、历史背景、风土人情、语言风格、思维逻辑，等等。译者只有牢记“功能对等”的原则，才不至于将一篇光彩四溢的作品译为苍白乏味的文字。奈达认为：“好的翻译会让读者完全忘记它是翻译作品。换句话说，真正好的翻译应该读上去不像翻译。”“如果做得好，译文完全可以超过原文的水平。”在现实中这些标准也许很难达到，但它们正是翻译工作者努力追求的目标。

第五章　高校英语教学中常见的语用失误

语言教学的重要目标和任务是培养学生语用能力。大学英语教学不仅要培养学生的语言能力，还要培养学生的语用能力。结合我国大学生英语语用能力的现状，分析语用失误成因，在此基础上提出应对策略，以减少语用失误。本章分为语用失误概说、英语口语中的语用失误、旅游英语中的语用失误、跨文化交际语用失误的成因与防范四个部分，主要包括语用失误的界定、英语口语教学中的策略、旅游英语教学的对策、跨文化交际语用失误的防范等内容。

第一节　语用失误概说

一、语用失误的界定

1983 年，英国语言学家珍妮·托马斯的论文“Cross-cultural Pragmatic Failure”，在《应用语言学》(Applied Linguistics)发表。我国学者已普遍接受了“pragmatic failure”的概念。可是，学界对这一概念的翻译和理解却不统一，黄次栋称之为“语用错误”，何自然称之为“语用失误”，王宗炎称之为“语用误差”。这里赞成“语用失误”的说法。

所谓语用失误，在托马斯看来，是指人们在言语交际中没有达到完满的交际效果的差错。一般认为，当说话人在言语交际中使用了符号关系正确的句子，但说话不合时宜，或者说话方式不妥、表达不合习惯等，即说话人不自觉地违反了人际规范、社会规约，或者不合时间、空间，不看对象，不顾交际双方的身份、地位、场合等，违背目的语特有的文化价值观念，使交际行为中断或失败，使语言交际遇到障碍，导致交际不能取得预期效果或达到完满的交际效果，这种性质的错误就叫语用失误。由语用失误概念的界定可延伸出以下内容。

首先，语用失误有广义和狭义之分。广义的语用失误指任何语言使用错误，包括拼写错误、语法错误之类的语言运用错误。语用学学者多研究狭义的语用失误，即语言使用的可接受性，而不是语法正确与否。

其次，语用的最高原则是得体，也可以说语用失误是语用者违反了得体原则所产生的后果。具体地说，就是违反了人际规范，忽略了社会文化背景和交际的具体场合等，或为无意违背，或为取得某种效果。

最后，语用失误的界定是以说话人为参照点的，不考虑听话人的理解能力和过程，尽管失误的最终判定取决于所使用的语言对听话人产生的效果如何。因此，交际成功与否就是所使用语言的实际交际价值（以 A 表示）和说话人意欲表达的含义（以 B 表示）等同与否。若用 C 表示说话人非意欲表达的含义，那么语用失误的情形就是 A=B+C 或 A=C，也有人称 misunderstanding（listener-oriented）或 miscommunication，但不是 non-communication。国内学者一般都采用珍妮·托马斯的分法，把语用失误分为语用语言失误和社交语用失误。这种分法基于语用者对语言语境或社会文化语境把握不当。语用语言失误指对语言语境把握不当导致的语用失误；社交语用失误指交际中因不了解或忽视谈话双方的社会文化背景差异而出现的语言表达失误。但是，“两类语用失误的区分不是绝对的。由于语境不同，双方各自的话语意图和对对方的话语的理解都可能不同，因而某一不合适的话语从一个角度看，可能是语用语言方面的失误，但从另一个角度看，也可能是社交语用方面的失误。”

另一种分法是以交际发生在同一文化中还是在跨文化中为标准。国内许多学者在谈到语用失误时，总是与跨文化交际联系起来，似乎语用失误只发生在本族语者和非本族语者之间的交际中。其实，广义的跨文化交际包括使用同一语言，但文化背景不同的人们之间的交际，语用失误有跨文化交际中的失误和母语文化交际中的失误的区别，或称为语际语用失误和语内语用失误。

分析语用失误和文化迁移的理论基础是由托马斯在其论文《跨文化语用失误》中建立的。其在文中把“语用失误”定义为“不能理解话语的意义”，也就是听话者所感知到的说话者话语的用意与说话者试图表达的有出入。

【示例】A：Is this coffee sugared？

B：I don't think so. Does it taste as if it is.

这里 B 把 A 的话语理解为询问咖啡是否放糖，而其实 A 的意思即话语的语用力（pragmatic force）是一种“抱怨”。A 的话语真正包含的意思是：“怎么回事？你又忘了放糖。”A 的话语的目的是要 B 认识到自己的失误并去把糖拿来。又如，顾客就餐时询问服务生：“请问有儿童座椅吗?”服务生回答“有”，但却站着不动，就是误会了顾客的真正意思，其并非询问餐厅的设施配备，而是让对方将儿童座椅搬来。

学界一般认为，“当说话人在言语交际中使用了符号关系正确的句子，但说话不合时宜，或者说话方式不妥、表达不合习惯等，具体说来，说话人不自觉地违反了人际规范、社会规约，或者不合时间空间，不看对象，不顾交际双方的身份、地位、场合等，违背目的语特有的文化价值观念，使交际行为中断或失败，使语言交际遇到障碍，导致交际不能取得预期效果或达到完满的交际效果，这样性质的错误就叫语用失误。”我们之所以不用“语用错误”，是因为“话语的语用力即语用意义无所谓正确或错误，只有达到还是没达到说话者的目的的区别”。

二、语用失误的分类

珍妮·托马斯不仅明确界定了什么是“语用失误”，还借用了利奇关于普通语用学包括语言语用学和社交语用学两个分支的框架，把“语用失误”区分为两大类，即“pragmalinguistic failure”和“sociopragmatic failure”。何自然将它们译成“语用语言失误”和“社交语用失误”，并把这种分类法称为语用失误“二分说”。语用能力弱的学习者会产生语用失误。语用失误不是指一般遣词造句中出现的语言使用错误，而是说话不合时宜、说话方式不妥或表达不合习惯等导致交际不能取得预期效果的失误。钱冠连在《汉语文化语用学》中指出：“说话人在言语交际中使用了符号关系正确的句子，但不自觉地违反了人际规范、社会规约或不合时间、空间，不看对象，这类性质的错误就叫语用失误。”对照一些学者对语用能力的分类，语用失误大体上可以分为以下三类。

（一）语用语言失误

“语用语言失误”主要是指由语用语言迁移所造成的失误，即“把一种语言中语言形式与语言功能的对应关系照搬到另一种语言的使用之中，造成使用中形式与功能的错位”。换言之，“语用语言失误”指学生（外语学习者）以一种本族语者不用的或与本族语不同的语言结构来表达某种语用功能，其与语言相关。语用语言失误主要表现在语音、词汇和语法不符合目的语的习惯等方面上。

例如，泰国学生发去声时，音节经常比中国人发得长一些，“原因在于泰语降调第三声的音节时长比较长，母语的这种发音习惯使得泰国学生发汉语的去声时也会把音节的时常拉长。另外，还有一个心理方面的因素，泰语中若降调音节短促，就给人以不礼貌的感觉。当他们用这种‘礼貌’调来代替汉语去声的时候，就使得汉语的去声拉长了。”又如，澳大利亚为了宣传本国的旅游业，曾经发布了一张大海中鱼儿自由游弋的广告，广告语写着：“So where the bloody hell are you”，意指“你们上哪去了”（我们等你们等得急死了）。澳大利亚本国人并不觉得这句话会有任何问题，因为“body”被认为是“lighthearted and ironic”，意思仅仅相当于是“Where are you ? We're waiting !”但这个广告在英国和加拿大却禁播了。虽然都是英语国家，在澳大利亚仅仅表示加强语气的“bloody hell”在英国和加拿大却带有表示粗鲁咒骂的意味，因此，这一广告后来在美国、新西兰和新加坡放映的时候，都把引发反感的“the bloody hell”去掉了，只保留了“Where are you”。同样的情况还有很多，如下例所示。

【示例】语境：A 骑自行车不小心蹭到 B。

A：Sorry.（对不起）

B：Nothing.（没事）

在这个案例中，说话人 B 的言语行为中没有语法等形式错误。英语里表示“没关系”的常用表达有：“Not at all/You are welcome/Don't mention it/Never mind”等，但是 B 套用了汉语中的“没事”。又如，当交谈中听到一位外国朋友说起家人重病，得体的回答是“I am sorry to hear that”，而非套用中文“别担心”（Don' t worry）。后者会让对方觉得说话人态度冷漠难以接受。再如，对于“Thanks a lot，that's a great help”的答谢回答“Never mind”或者“It doesn' t matter”也是不准确的。在汉语中，人们对感谢的应答通常是“不客气、不用谢”，而实际上它们相应的英语表达应该是“Don' t mention it”或者“You are welcome”，而“Never mind”和“It doesn' t matter”则经常用来回复对方表示的道歉。英语初学者在交流过程中如果没有听清楚对方的话，会按照汉语的习惯问：“What ?”（什么）但在英语为母语的人听起来，就会觉得是一种带有负面情绪的质问，而非针对信息不清的询问。在这种情况下，我们用“Pardon ?”或在“what”前加上“sorry”会显得更加礼貌。

在通常情况下，“Of course”表示“理所当然”，表示肯定，但“Of course”并不能在任何场合都与“yes、indeed”一类词语等同。在初次见面的场合，英、美留学生常会说“你好，见到你很高兴”。日本留学生则会选择“初次见面，请多多关照”。这两种说法从语法上看并没问题，但却让人觉得洋腔洋调，别扭不自然，原因都是错误地套用了本族语的句式结构，即英语中的“Nice to meet you”。因为受到母语的语法和句式结构的影响，造成目的语的使用不地道。

语用语言失误与语言结构（确切地说是静态的语法形式规则）的各种使用规则的掌握情况有关。言语交际中，说话人也许明白所有的规则，然而，却不能得体地使用它们。因此，从根本上讲，语用语言失误是指说话人在表达自己的特定意图或实施具体的言语行为时，不能够使用本族语者在同样场合使用的语言结构，而其使用的语言结构无法实现其所要表达的功能或交际意图。语用语言失误往往体现为学习者不了解目的语的语言习惯、套用母语的表达方式而引起的失误。语用语言失误有三个主要特征：第一，它与交际双方对已有的语言知识规则的提取是否得当有关。第二，它与语言形式（交际形式）与功能（交际意图）匹配是否得当有关。第三，它与交际双方对句型和日常套用语的运用是否得当有关。导致学习者语用语言失误的原因之一：是语用语言的迁移。不管是外语学习者还是二语学习者，根深蒂固的母语语言形式总会影响到其用所学目的语来表达同一概念的方式，即当表述某概念时学习者总会先想到母语的语言形式。在紧张的话语互动中，学习者往往会忽略母语和目的语之间形式和功能上的差别，导致语用语言失误。原因之二：是不恰当的教学方法。课堂上老师所采用的一些教学方法增加了这方面的失误甚至错误的可能性，如简单的语法——翻译法。另外，部分教材的内容也会导致类似的现象，如情态动词的误用。还有课堂话语语境的影响，如缺乏情态标记、完整句答语的误用和话语命题意义明示的不当使用。

（二）社交语用失误

"社交语用失误"则指"学生用母语中的礼貌原则（如损益观念、社会距离、相应的权责等）理解和表达目的语里与母语相同语境下的言语活动，（其）和文化相关"。不同文化背景的人们往往在孩提时代无意识地习得相应的语用规则，而遵循这些规则也往往是无意识的。在跨文化交际过程中，由于缺乏对语言文化差异的认知，就会无意识地进行语用迁移，即交际时直接把自己的话语翻译成目的语，而不考虑这些话语应该遵循的交际规范。比如，看望年长的外籍教师，送"老年奶粉"以表关心，并说"Grandma，enjoy the old people milk"，对方会觉得被人认为"老"，很不舒服。这样，既没交到朋友，还得罪了对方。又如，留学生甲偶遇中国学生乙，双方寒暄。

【示例】甲：你好，好久不见！

乙：是啊！过两天一起吃个饭吧！

甲：好的，哪一天？

乙的回答一方面表示想要保持联系，另一方面也暗示了"过两天"这个不太确定的时间，而甲的回答没有体现中国式的理解和回应方式，让对方有种措手不及的尴尬。

严格来讲，甲的语言并没有语法错误，会用“好久不见”这样的话语，证明其汉语水平并不低，但却违反了中国文化的社会语用规则。

在跨文化交际过程中，“因为语音、词汇或语法方面的错误，对方一般会比较宽容，当作是语言学习中的必然过程。反之，不符合语用规则的失误，就可能被当成‘有意冒犯’”，但是，“两类语用失误的区分不是绝对的，由于语境不同，双方各自的话语意图和对对方的话语的理解都可能不同，因而某一不合适的话语从一个角度看，可能是语言语用方面的失误，但从另一个角度看，也可能是社交语用方面的失误。”换句话说，语用语言失误主要是语言方面的语用失误，社交语用失误主要是社会界面上的语用失误。与语用语言失误不同的是，社交语用失误在所指上与语言结构规则无关，主要涉及非语言结构规则（确切地说是交际规则）的运用不当，以致无法保证交际的得体和成功。

社交语用失误源于构成恰当语言行为的概念存在跨文化差异，与使用中的语言限制条件密切相关，涉及的内容不仅含有学习者的语言知识，还有其信仰和价值观。社交语用失误通常指在社交场合交际双方依据各自的文化价值取向而忽略了对方的文化价值取向来理解和表达自己的行为，属于社交规则运用不合适。它具有以下特征。第一，它与交际双方对已有的社交知识规则的提取和运用是否得当。第二，它与交际双方在具体的交际场合中的价值取向是否一致有关。第三，它与交际双方对经验和百科知识的提取是否得当有关。

（三）体态语交际失误

除了上面语用语言和社交语用层面上的语用失误，还有一种是体态语层面的语用失误，在这里单列出来、以引起学习者的注意。体态语即人们利用姿态、动作、面部表情等来传递信息的非言语行为，其又可细分为目光语、面部表情、体触行为、手势、举止、空间距离等。著名人类学家伯德韦斯特尔博士认为在表情达意的手段中，65%是靠体态语来完成的。体态语是伴随语言表达出现的，是有声语言的有效补充手段，而且很多情况下，体态语可以单独完成交际。一切体态语都要放在一定情景中理解，忽视了体态语发生的社会文化场景就会产生交际障碍，这也属于语用失误的范畴，具体如下。

首先，目光接触。信奉伊斯兰教的中东女子是不能与人有直接的目光接触的，而美国人则认为直接的凝视是真挚、真诚的表现。

其次，身体接触。比如表示欢迎时，东亚国家和英语国家的男性之间一般只是握握手，日本人习惯深鞠躬，而阿拉伯、俄罗斯、法国、东欧等国家的男性之间往往热烈拥抱、亲吻双颊。

最后，空间距离。在英、美国家，亲近距离只在最亲密的人之间适用，一般朋友和熟人之间尽量避免身体接触。这些国家的文化强调“私人领域”不可侵犯；中国人私人空间意识比较淡漠，对拥挤中的身体接触行为虽反感但也能谅解宽容；而阿拉伯人则偏爱身体接触行为，无论在家还是公共场合，相互见面都要拥抱、碰鼻、抚摸、闻香。英国人与阿拉伯人交谈时，阿拉伯人喜欢靠得很近，英美人则要保持恰当距离，于是出现阿拉伯人往前挪、英美人往后退的现象。

同一体态语在不同的国家表示的意义不尽相同。例如，“竖起大拇指”，意大利人表示数字“1”，大多数英美人则用它表示“5”，在英国、澳大利亚和新西兰，竖起拇指表示要搭便车，而在希腊则表示“够呛”。以上事例说明在跨文化交际中也要重视非言语行为的文化差异，对于由于体态语不同或者对于体态语的理解不同而产生的语用失误也要在教学中进行相应讲解。一方面，对异文化的非言语行为要在了解的基础上宽容对待；另一方面，二语学习者也要主动学习目的语国家的体态语习惯，必要时可以入乡随俗。

第二节　英语口语中的语用失误

一、英语口语中的语用失误的现状

我国加入 WTO 以及北京申奥、上海申博先后成功，给我国现代化建设和改革开放带来了巨大的机遇，也凸显了国家对既懂专业又能熟练掌握外语的高级复合型人才的巨大需求。为适应 21 世纪的需要，满足国家建设对人才的需求，各高校纷纷采取措施加强口语教学，不少学校专门为学生开设了口语课程，力求改变我国学生“哑巴英语”的现状。大学生的口语能力已与其他语言能力相对平衡地发展。但一些通过英语四、六级的学生在现实生活中仍然无法与外国人顺利地交际，这表明大学英语口语教学中仍然存在不少亟待解决的问题，其中之一就是如何加强学生语用能力的培养。

中国英语专业学生的语言功底一般都比较扎实，但是在与外国人的交流中，还是会出现交流障碍，其产生的重要原因之一就是语用能力的欠缺。理查德认为中国学生由于语用能力的欠缺，有时不仅不懂在特定语境中说话者的真实意图，而且很难将课堂上未讨论练习过的话题表达清楚。由此所导致的失误被称为语用失误，其“是指学生在言语练习中，由于没有正确理解话语情景，没有掌握英文特有的表达习惯和话语方式而犯的言语使用错误”。虽然语用失误与语言知识的缺乏联系不大,可是更容易导致交际不畅。虽说本族语人对语法和发音上的错误尚可容忍,但对语用方面的错误却不那么宽容。

二、英语口语教学中的策略

(一)注重增加语用教学的内容

在教学过程中要注重学生语用能力的培养。情景语言教学就是让学生在特定的情景下学会新的词汇、短语以及语法的使用。情景教学不仅能使学生对所学内容记忆深刻,而且一旦在生活中碰到类似语境,学生能从容应对。教师应该引导学生把旅游理论知识和实际运用英语语言相结合,英语语言能力提高以旅游专业知识为主要内容,教师创造的口语模拟场景应该围绕介绍旅游景点、接待外宾、订餐订票、接机送行、购物、入住酒店、结账等和旅游业相关内容来进行,从而使学生了解旅游英语的语言习惯和表达,培养学生在旅游服务领域综合运用英语语言的能力。

(二)注重设置真实的跨文化交际语境

以此来增强教材中语料的真实性。在实训方面,某些学校对实训设施和实习基地建设的重要性和必要性认识不足,办学经费紧张,实习基地建设力度不够,实训实习内容单一、方式落后。加强实训建设方面,学校要加强实训设施和实习基地建设,完善多媒体语言实验室、自主学习室、模拟实训室等实训设施;同时,要采取多种形式与旅游企业建立长期的良好合作关系,形成稳定的校外实习基地。根据不同情况灵活采用校内与校外结合、集中与分散结合、长期与短期结合方式进行实习,以有利于学生获得良好的学习效果和有针对性的学习。

随着国际交流的日益频繁,人们对异国文化的认识和了解逐渐加深,不同文化之间不可避免地发生一定程度的融合,从而使英语口语中的语用失误边缘化,这也可以成为研究英语教学和学习的新课题。

(三)注重进一步研究英语口语交际中的语用失误

以此来为英语口语教学提供系统的理论依据。英汉语言文化比较的相关课程内容包括:语言与文化的关系;交际中中西观念的差异英、汉语言的差异;中西历史文化、地理环境、宗教信仰对各自语言的影响以及英、汉语言的相互影响;英、汉词汇文化内涵的比较;英、汉语言中句法结构的比较;英、汉篇章结构的比较;英语学习中的母语干扰的原因和对策；中西方语言交际礼貌规则的差异；中西非语言交际的比较；跨文化交际应注意的禁忌事项，比如称谓方式、词汇、话题、社交、饮食、节日等方面的禁忌。

（四）注重有效地培养学生运用英语进行思维的习惯

英语的语感，对英语教学和英语的运用起着重要作用。英语语感是人们对英语语言的感觉，它包括人们对英语的语音感受、语意感受、语言感情色彩的感受等。它是人们对英语语言的直接感知能力，是人们对英语语言法则或语言组织方法的掌握和运用，是经过从感性认识上升到理性认识的经验和体会。语感来源于实践，又指导实践。正如球类运动员要打好球必须具有良好的球感，游泳运动员要有良好的水性，搞音乐的人要有良好的乐感一样，要学会、用好英语就应该具备良好的语感。教师应当认识到语感的存在和它的积极作用，并采取有效的措施有意识地去培养学生的语感，加速学生语感的早日形成和优化。在教学中教师应坚持“尽量使用英语，适当利用母语”的教学原则，以减少学生对母语的依赖性和母语对英语教学的负迁移。教师的教和学生的学都尽量不用母语为中介的翻译法，即使使用也应加以分析对比。要求学生使用英汉双解词典并逐步过渡到使用英语词典，这有利于学生准确掌握词汇的内涵和外延，因为用一种语言解释另一种语言不一定都能做到一一对应。同时，教师应鼓励学生大量阅读比较浅显易懂的原版读物，多看一些介绍西方民族风情的书籍，多了解一些西方国家的文化习俗，这样在使用英语时也不会说“错话”闹“笑话”。

第三节　旅游英语中的语用失误

一、旅游英语中的语用失误现状

随着我国对外旅游业进一步发展，对涉外旅游从业人员的要求也越来越高。发展对外旅游，不但需要对旅游景点进行硬件建设，更需要注意其软件建设——加强对涉外旅游从业人员的素质培养。但在培养涉外旅游从业人员外语语言能力方面往往还是沿袭传统的培养方式，重视语音、语调的模仿，句型的练习以及语法、词汇的学习，而忽略了英语语言文化背景知识、语言习惯以及一般的语用知识的介绍和强调。培养出的涉外旅游从业人员不了解或不熟悉英语本族语的语用方式和说话习惯，从而出现许多的语用失误。涉外旅游中语用失误的产生和存在给旅游英语教学提出了新要求，如何在教学中培养学生的语言语用能力和社交语用能力给旅游英语教学提出了新的研究课题。

旅游业已成为我国国民经济的支柱产业之一，同时带动整个社会对既懂外语又懂旅游的专门人才的需求。然而，我国的外语教学自20世纪60−70年代以来，一直过分注重语言形式的学习而忽视语言的功能，传统英语教学中普遍存在"重知识轻技能、重形式轻功能、重语言轻语用"的弊端。因此，学生虽然掌握大量语言知识，但其运用知识进行交际的能力却未能得到有效的培养和提高，结果在涉外旅游英语交际中，极易出现种种语用错误，导致交际障碍或失败。

（一）旅游英语中的语用语言失误

由于汉语负面迁移的影响，语用者容易把汉语的语言思维"移情"到自己的英语语言组织上，尤其容易对英语反义疑问句进行错误回答，从而，产生语用失误。举例来进行简述，语境是：一起因涉外导游受汉语语言思维的影响而误用"yes"的案例。对话背景是：游客对于突然改变了行程而向导游抱怨，实际上导游也是临时得知而非事先所知。当游客向导游询问"你事先不知道，对吧？"的确事先不知情的导游本意是想回答"是的，我事先不知道"（No, I didn't），但由于导游受到汉语负面迁移的影响，同时，也可能没有弄清楚英、汉反义疑问句表达习惯上的差别，所以不但没有准确表达出他的本意，反而做出了错误回答，使游客更迁怒于他，甚至投诉他。

（二）旅游英语中的社交语用失误

托马斯认为，当说话人在某一表述中使用的语用方式不同于将该语言作为母语使用的说话人在这一表述中经常使用的语用方式时，语言语用失误就产生了。

社交语用失误是由于会话人不能在不同的社交场合，根据不同文化背景的语言交际者的语言习惯和特点得体地使用语言而引起的。不同文化背景下生活的人们对某些事物的看法和理解有时是完全不同的。比如：在汉文化中，"老"是尊敬；而在西方"老"意味着衰竭无用，人们忌讳对别人说"老"字，特别是对年纪较大的人。在与游客的交往中，导游有时不免按照自己民族文化习惯向客人表示关切，因此难免会出现理解上的偏差。即使母语同是英语的不同国家的人也会因其社会体制、风俗习惯、价值观念等不同，而在对事物的理解和表达方式上存在着差异。比如：在澳大利亚，人们有很多独特的语用表达，致使一些初次带游客去澳洲观光的领队产生误解。在涉外旅游英语交际中，产生语用语言失误主要表现为以下几个方面。

1. 旅游英语中的语用语言失误

由于汉语的负迁移影响，人们很容易受汉语的语言思维习惯的影响，从而产生语用失误。例如，由于英语和汉语在对是非回答的着眼点不同。汉语中回答是非问句时的“是”或“非”，是对提问者所说的话做肯定或者否定的回答。英语对是非问句的肯定或否定回答不是针对对方，而是表达答话人自己的意向。曾经有一位导游曾遇到过因旅行社安排的问题，旅游团不得不临时改变旅游路，从而使客人不满，质询导游：“You don't know it, do you ?”而导游因为紧张，回答；“Yes, I do.”实际是导游对此事事先也并不知晓，而游客却认为导游有意欺骗、说谎，造成了误解。有些旅游景点在翻译旅游标示语时，由于没有深入了解英、汉词汇的内在含义和差别，而只是简单地把汉语的字面意思和英语词汇等同，从而造成了语用语言失误。

旅游从业人员者本身能力有限或者是缺乏对英语文化的了解都会导致语用的发生。例如：通常情况下，方位词含有指示方向的意义时应译成英文，但当方位词本身固化为地名的一部分时，方位词采用汉语拼音的规范标准。这样，在翻译的过程中就会出现胡乱翻译的情况。

2. 旅游英语中的社交语用失误

汉、英民族文化各异，其语言表达形式必然也会受到思维方式、生活习惯的影响，具有差异性和多样性。在跨文化交际中，表现为误用目的语表达方式或将母语习惯套入目的语，从而形成语用失误。在涉外旅游英语交际中，产生社交语用失误主要表现在：不同文化背景下生活的人们对某些事物的看法和理解有时是完全不同的。例如：中国人更为注重人与人之间的关系相互依存，相互照顾。西方人更为注重个人的隐私以及独立性。因此，在导游与西方游客进行交流时，应当注意这方面的差异。在与游客的交往中，导游有时不免按照自己民族文化习惯向游客表示关切，难免会出现理解上的偏差问题。

在时空顺序上英美人的习惯是由小到大，而中国人则相反。因此，在告知游客地址时，一定要注意符合英语的排列顺序，合乎英语表达习惯，才能使交际顺利进行。

二、旅游英语教学的对策

（一）注重应用交际教学法和情景教学法

交际语言教学就是在相互交流的过程当中完成教学活动。教师在课堂上一方面向学生传授新知识，另一方面要让学生尽量发挥自己的创造力来说英语，同时给他们鼓励、引导和纠正。语言学家李特尔・伍德说过：“课堂中的交际越真实越频繁，自然环境和课堂环境学习的界限就越模糊。”教师应让课堂成为学生语言实践的场所，在课堂内加入大量的以学生为主导的口语训练活动，如 situational conversation，pair work，role play，group discussion，debating 等多种形式，将语言知识的学习融于语言使用的活动中，使语言能力和语用能力的发展紧密结合起来。

（二）注重《英汉语言文化比较》课程的增设

外语教学的最终目的是使学习者掌握目标语并运用该语言进行交际，成功的交际除了依靠良好的语言结构知识外，隐含在该语言结构里的文化因素和文化背景知识不可忽视。语言交际能力不仅受语言结构知识的限制还受到文化的制约。语言是文化的一部分，是文化的载体。语言的交际离不开文化。语言与文化密切相关，语言不能脱离文化而存在，文化也不能脱离语言而存在。语言和文化是共生共存的。在与西方人交流时，人们有时会不知所言，原因就在于文化差异，在于人们不熟悉西方社会文化。

（三）注重加强旅游专业知识和专业技能的培养

旅游英语教师应具备既懂英语，又懂旅游的复合教学能力，所以应该选派英语教师参加各种旅游专业知识培训并安排教师参加企业考察、挂职进修，提高教师的实践能力，了解旅游行业前沿动态，逐渐建立一支双师型的教学团队。同时，学校应该聘请长期工作在旅游行业一线从业人员参与学校教学、科研等工作，把企业经营管理经验以案例教学形式引入课堂。

针对旅游专业英语的特点，教师既要为学生掌握必要的听、说、读、写等语言技能打下坚实的基础，又要担任传播中西方文化知识重任，提高学生的英语素养，并且还要积极创造语言环境，提高学生的英语语用能力，培养学生的跨文化交际能力才能为涉外旅游市场培养合格的高素质人才。

第四节　跨文化交际语用失误的成因与防范

一、跨文化交际语用失误的成因

跟拥有不同文化背景的人交际被称为跨文化交际，能流利地用外语来和不同国家、不同民族的人交流是一种令人兴奋的经历，成功的交际不仅可以从精神和物质方面获得效益，也可以去感受其他文化的博大精深，并从中汲取营养。然而，在交际过程中，各种各样的失误影响着他们的交际。在长期的对外汉语教学实践中，作为外国人学汉语的施教者和见证者，更是感悟到这一点。外国人学汉语，即使发音很好，语法正确，语速也很快，人们还是常常能感觉到不是很完美，仍然能知道他们是外国人。为什么会如此呢？原因就在于他们的汉语还不地道。这里所谓的不地道，并不完全取决于语音的纯正和语法的精熟，即说话者违背语言规则，让人觉得有点别扭，不得体。这就关涉到语用问题。要成功地进行言语交际，除了要有正确的语用形式外，还必须遵循话语形式的贴切性、得体性。然而，外国人和中国人交往毕竟是两种不同文化人的交往，不同的文化心理和交际规约往往发生碰撞，产生文化冲突和交际障碍，甚至造成交际失败。在学习过程中这种情况是无法避免的。

（一）缺乏足够的文化差异认识

语言是文化的反映和载体，语言背后的文化传统是构成该语言运用的重要因素。汉语和英语都是历史悠久、具有丰富文化传统和文化蕴涵的语言。在数千年的发展过程中，这两种古老语言在今天看来，表层的结构形式已经迥异，同样，其深层的文化结构和蕴涵也有很大差别。语用学的研究总是把认知与社会的关系联系在一起。言语行为属于社会行为，也必同认知发生着联系，而语用失误是言语行为的一部分，因此，有必要对语用失误的认知原因进行探讨。从语言和认知的关系看，语言是一种认知活动，认知先于语言，认知语言学的迅猛发展，为语言现象的分析提供了新的路径。在跨文化交际中，交际者要进行成功的交际，除了要掌握跨文化交际所需要的语言结构（即语言的内在系统——构成该语言的语音、词汇和语法的整体系统），更必须具备较强的语境认知能力，懂得如何联系语境去准确理解跨文化交际中话语的字面意义，并根据不同的社交语境的需要，调整自己的交际策略，恰当地表达思想。

语用失误的首位原因应归结为文化差异。王得杏、庄恩平在研究中指出：在跨文化交际中，由于一方（或双方）对另一方的社会文化传统缺乏了解，交际双方各持不同的文化观点参与跨文化交际，从自己的文化角度去揣度其他文化背景的人，结果两种文化观念不能相互融合，发现与自己的预期不同，就会产生文化冲突。出现不恰当言行的原因具体表现为：两种文化中举止方式差异、称呼差异、价值观念差异、社交因素（如谈话时空位置、谈话对象的身份或社会地位等）理解差异。因此“具有不同文化规范系统的人所采取的交际策略也有差异，因而也会产生交际误解”。最直接的例子就是中国的英语学习者在进行英语表达时，不论口头还是笔头，都会不自觉地把对方当成“自己人”,把富含文化隐喻的内容直接用英语来表达,自以为这些概念“放之四海而皆准”,不言自明,忽视文化差异。如在宴饮中,劝菜加酒;谈天时,交浅言深。特别是身处集体文化为显著特点的东亚文化圈,人们看重人际交往,喜欢用对对方个人生活的关切来表示友善,也热衷于主动提供帮助来结交朋友。与崇尚个人主义的西方文化相碰撞,往往会“同输”而不是“共赢”。概而言之,跨文化交际不仅出现在持不同语言的人们之间,也出现在不同民族、不同阶层、不同职业的人之间。人际交流的成功,关键在于能否站在对方的立场上,设身处地地为对方着想,而不是处处以“我”为主,将自己的“好意”强加于人。

(二)缺乏对语用教学的足够重视

言语交际中出现语用失误的主要原因之一,是在语言教学中对语用教学的重视不够。长期以来,对外汉语教学领域存在着重语言技能、轻文化语用教学的现象。虽然在教学中也或多或少地包含和结合着一定的文化内容,但是没有从外语和第二语言教学的原理和方法论上认识和明确这个问题,这就不免使语言教学造成某些缺憾,即对语言教学的认识和实现都不完整,在相当程度上,把语言教学囿于就语言而教语言的境地。

中国学生学习英语的时间通常达到十年之久,但大部分的精力都用于应对考试,学生背单词、做习题,大部分都是为了通过考试。而试题的设计更多是着力在单词拼写、词语搭配和语法规则的掌握,而不是针对真实情境,培养语言的实际运用能力。一旦进入到真实的交际场景,就会出现不准确和不得体的情况,考试考察的内容主要属于语用语言失误的范畴,而待人接物不周到、说话不得体则是社交语用失误的体现。就语言使用的本质而言,“使用语言的过程就是选择语言的过程,选择是以高度灵活的语用原则和语用策略为基础的,从而,达到一定的交际目的。之所以能进行选择,是因为语言具有变异性(指语言具有一系列可供选择的可能性),不能不承认这是交际中发生失误的根本原因。另外,不可避免的语言使用的隐含性也可能造成语用者编码困难”。如果有陌生的外国人敲门,开门后应该怎么说呢?我们既可以说:“Hi, May I help you ?”也可以说:“How do you do, what can I do for you ?”因为语言在实际运用过程中,具有一系列可供选择的可能性。有些同学错误地选择了“Nice to meet you”的应答,就是没有掌握语言使用的隐含性忽视了对“语用力”的把握,因为“Nice to meet you”通常发生在交际双方通过介绍互相认识后的情况,而非对陌生人。近几年来,我们已注意到了文化教学,很多先辈学者已就如何在英语语用教育教学中导入文化因素方面做了大量的探讨,但在具体的文化教学操作中,还存在着若干问题,足以导致众多的语用失误。

1. 文化教学中知识文化的传授大于交际文化

张占一区分了“知识文化”和“交际文化”，受到大多数对外汉语教学工作者的认同。之所以把文化划分为“交际文化”和“知识文化”，是以语言教学的特殊需要和语言教学的特定视角为前提的。跨文化交际障碍的症结所在是以交际文化为核心的，因为它直接影响了语言交际功能的发挥。交际文化要解决的是所学语言隐含的文化因素，是具体的、感性的、与语言教学融为一体的，故不易把握。而知识文化相对来说比较显露，可以理性地梳理成篇。因此在教学中很多教师对浮在明处的知识文化传授用力较多，而交际文化却不够重视，这是一种不正确的方式。我们不是否认知识文化的功用，而是在实际交往中，交际文化才是交际得以顺利进行的保障。

2. 交际文化传授的误区：非系统性与习焉不察

交际文化是始终存在于教学中的，只是各阶段重点不同，层次不同。正因为如此，它遍散于语言教学中。但因对外汉语教师全部是中国人，他对自己民族的文化不够敏感，或者以为教学内容简单，无可介绍，或者由于是自己非常熟悉的东西，便认为不是文化，而不予介绍，然而往往正是这些汉语社会群体习以为常、习焉不察的文化因素，才是最应该介绍给外国人并对它们加以运用和练习的。例如，姓名的排序、称呼等，在汉语社会群体眼里再自然不过的东西，都是外国人交际困难障碍的拦路石。

再者，文化是一个系统，交际文化也自成一个系统，这种特征就决定了在教学中对交际文化的处理不能零敲碎打，东鳞西爪。教师在课堂上都一定或多或少地涉及了交际文化，但因不成系统，往往是老师想到哪儿讲到哪儿，或者是遇到了就讲，没遇到就略过，所以引不起学生足够的重视。在他们的心目中，还只是为了学习语言，并没有意识到文化的因素。例如，在列举语用失误时学生所犯的一些错误，老师不一定没讲过，但因在整个课程教学中交际文化并没有形成一个相对完整的系统，所以学生印象不深刻，自然可能用错。

3. 教材中缺少语言和文化的融合及文化因素的得体解释

语言教学要与介绍文化相结合，教材必须先行。没有能够提供文化信息的教材，教学要与介绍文化相结合，是困难的。现行的教材大多对文化因素的处理“两张皮”，互不搭界，文化因素以文化项目单列，变成了可有可无的东西而中西方的文化对比更是少之又少。还有新文化现象不断产生，旧的文化现象不断消亡，很多教材中对文化的变迁反映不及时不准确。如何能选择好的题材，编好课文，在课文编写时，将文化因素考虑通过语言形式介绍出来，或如何将语言项目通过具有文化内容的情景表现出来，达到文化内容融合于语言及表现语言，才是解决的关键。不然，没有得力的教材，教师在教学中依然存在盲点，依然会像以往一样因此而导致语用失误。

（三）缺乏形式多样的语言学习方法

在第二语言的习得过程中，学习者第一语言的使用习惯会直接影响第二语言的习得，并对其起到积极促进或消极干扰的作用。“两种语言（母语和目的语）相似引起正迁移；两种语言相异引起负迁移。”这是语用语言失误的主要原因。比如，在给外国游客介绍景点的时候，直接把“天涯海角”按照汉语的字面意思直译为“the end of the world”（世界末日），就可能造成对方的疑虑和惶恐。想要礼貌地请对方先行，用“You go first”的说法，就显得颐指气使，过于强势，没有表达出中文“您先请”中的礼让谦和之意，这也是直接套用汉语结构和意义引起的。这种受到母语负迁移引发的失误，是学生学习外语时，不懂变通地盲从传统的“语法翻译法”造成的。在表达思想时，学生往往先把思路用汉语梳理出来，然后逐字逐句翻译成英语。换言之，英语的表达是在汉语的框架之下进行的。但实际上，两种语言的材料、结构并不存在一一对应的关系。在进行中外词汇对比时，存在一对一、一对多、多对一、一对零、多对多的复杂关系。用词不地道，是因为很多同学是通过汉语的意义采取一一对应的办法来背英语单词，但两种语言很多情况下并不能完全契合。说话不得体，常常体现在称呼语误用、词语使用场合不当上。究其根本，是学生脱离了语境学语言，词语的具体意思要结合上下文，甚至要结合更广阔的社会文化背景来确定。表现在对外交流中，在中国文化浸泡中长大的学生却不能很好地用英语转述具有中国文化特色的事物，一方面，是因为英语教材和课堂教学中涉及中国文化的成分极少，学生接触有关中国文化的机会微乎其微；另一方面，也是因为很多富含中国传统文化的概念，在英语当中没有完全一致的对应物，甚至相近概念也寥寥无几。《梁山伯与祝英台》可勉强以莎士比亚名著《罗密欧与朱丽叶》来类比，那么汉语中的“江湖”“侠”和“气”则不能简单地用“rivers lakes/knight”和“air”来解释了。当遇到文化事物而又不知道其英文说法时，可以拓宽思路，灵活采取意译、音译加解释、模糊翻译等方法，最大限度地传达出中国文化的神韵和特色。翻译法不是不能用，而是要在实际运用中不断修正。比如，尤金·奈达提出的动态对等翻译理论，翻译时不求文字表面的死板对应，而要在两种语言间达成功能上的对等。翻译不仅是词汇意义上的对等，还包括含义、风格和文体的对等，翻译传达的信息既要有表层词汇信息，也要有深层的文化信息。通过这些启发，可以在日常交流中更注重“传情达意”，而不是“刻板对应”。例如，和外国朋友一起用餐，先离席的人打招呼说："Don' t hurry up, eat slowly！"本来表示礼貌和客气，但反而会让对方误会："难道我吃相很粗鲁吗？要我慢慢吃！"其实，直接说"May I please be excused？"就很得体了。学习的方法过于单一，掌握的知识点也相对单一，当单一的知识积累遭遇千变万化的人际交往情境时，就会捉襟见肘，难于应付。

学习方法的问题还体现在语言学习材料陈旧过时方面。例如，中国学生喜欢在议论文中使用"Every coin has two sides"，用的时候还沾沾自喜，殊不知这样的比喻，因为用得过多过泛，已经成为"cliche"（陈词滥调），根本不能让类比事物生动形象、具体可感，也不能给人以鲜明深刻的印象，而只会让读者反感厌烦。又如，英语演讲中，演讲者喜欢引用 Martin Luther King 的名言"I have a dream"，但对英美听众来讲，却往往不能收到强烈的共鸣和反应，因为这样的表达方式使用得过多，而变得陈旧。外语学习者在使用这些现成的表达方式时不假思索，不下一番推敲的工夫，结果就是言之无物。更为严重的是，因为选词炼字的"偷懒"，会让读者或听众认为说话人的整个思想拾人牙慧、乏善可陈。当然，对于非母语学习者来讲，要分清"idiom"和"cliche"并不容易，但正因为如此，在表达想法的时候，才更应该"因地制宜"。表达想法的过程实际上也是整理思路的过程，比起母语使用者，跨文化交流者考虑的要素会更多，但不能因为非母语，就对自己放低要求。

（四）缺乏对个体差异性的足够重视

很多情况下，只用一个模糊的"外国人"的标签套用在所有的交流对象上，而没有从深层次的文化差异上去定义对方。只是花苦功记下的英语单词或句子，在交流中只管用出来，往往不看对象，不分场合。就像在球赛中，只求能碰到球就"谢天谢地"了，能不能传球，能不能进球，往往不在考虑范围当中，自然也无法达到良好的交流效果。与外国人交流，永远只会问"How long have you been in China？Do you know how to use chopsticks？"同样的问题，对方可能已经回答了成百上千次，所以这样模式化的提问无法实现"有质量"的沟通，因为无法通过交谈发掘彼此真正感兴趣的话题，不能深入交流，而只会止步于寒暄层面。不仅如此，对方会觉得自己没有得到足够的尊重，仅仅被当成一个练习英语的"老外"而已，是 Tom 还是 Jerry 根本不重要。在汉语交际中，会自觉遵守隐含的规约，根据交际对象的身份、年龄及亲疏程度选择适宜的说辞，但在跨文化交流中，却往往把交流对象泛化为一个整体，忽视了个体之间的差异，而这种忽视，往往会被解读为对对方本人的轻视。

（五）缺乏对语用失误预设的足够重视

托马斯将语用失误定义为“听话人不能理解所说话语的含义”。钱冠连对此提出质疑：这不像是说话人语用失误，倒像是听话人的无能。由此，钱冠连认为语用失误应该是指说话人话语中无意触犯对方的错误，这种错误与句子结构方面的错误或者语法错误并非同一类型，而是指“说话人在言语交际中使用了符号关系正确的句子，但不自觉违反人际规范、社会规约，或者不合时间空间，不看对象”性质的错误。因此，一次成功的跨文化言语交际行为，是一个讲话者和听话者都积极参与的双向过程。彭增安将跨文化交际中的语用失误定义为不同文化背景下出生的交际双方在交际过程中因未能恰当地把握话语中的含义，而造成对语言理解和使用上的错误。布鲁姆·库尔卡强调，语用失误是导致“言外之力”转变的情形。成功的跨文化交际依赖于“言外之力”的成功实现。说话人对“言外之力”的恰当实施和听话人对“言外之力”的准确理解都成为影响交际成功的因素。英国日常语言分析哲学家奥斯汀在“How To Do Things With Words”中提出“言语行为”，即交际行为中交际者为达到某个特定目的使用语言所起到的做事功能。同时，将每个言语行为分为以言指事、以言行事、以言成事三个次行为。继奥斯汀之后，塞尔提出了适切条件和间接言语行为，即通过一种言外行为来间接地实施另外一种言外行为的现象。并指出，在语言的实际运用中，相当数量的句子所传达的言语行为是通过另一个言语行为来实现的。为了保障交际双方言外之力的顺利实现，交际双方必须具备共同的或可以共享的信息，即预设（也叫前提）。预设是语境所作的语用推理，是话语的参与者就现实世界所作的推测。如果预设不被话语的参与双方所共知，话语则是不恰当的。预设的重要性在于，交际双方如果缺乏可以共享共知的预设前提，言语的言外之力就很难恰当地实施与理解，语用失误在所难免。一般来讲，同一个言语体系之内正常的言语交际所需要的预设前提大都是共享的，或容易共享的，语用失误也就不易发生；而在跨文化交际中情形就不大一样，交际双方所需要的预设前提大多为非共享的，或不易共享的，这种情况下言语行为不易实现，语用失误容易发生。

托马斯指出，当交际双方对彼此语言上所持有的预设前提不能共享时，说话人意欲传递的语用之力和听话人所理解的语用之力出现分歧，结果导致语用语言失误；当交际双方对彼此文化上所特有的预设前提缺乏共享时，交际双方对什么是构成语用上恰当的言语行为的判断不一致，甚至出现冲突，交际意图无法实现，结果导致社会语用失误。

由此可见，在日常跨文化交际中，交际双方的互相理解在很大程度上，既依赖于语言预设，又依赖于被文化所决定地对客观世界的认识的预设。因此，把预设分为语言预设和社会文化预设，分别探讨二者在跨文化交际中的作用。对于什么是预设（语用前提），存在不同的理解和定义，有的对它理解得概括些，有的对它作了比较狭隘的定义。我们根据何兆熊的观点，将预设的说法归纳成三种：把预设理解为说话人对言语的语境所作的设想，把预设看作是施行一个言语行为所需要满足的恰当条件或是使一句话具有必要的社会合适性所必须满足的条件。费尔默认为语用预设就是通过一句话来有效地实施某一个言外行为所必须满足的条件。将预设看作是交际双方所共有的知识，或者说是背景知识。何自然认为，从语用的角度来说，预设实际上可称为“语用语境前提”，因为它是一种言语结构以外的信息，不是通过字面意义显现的，合适性和共知性是预设最重要的特征。

在跨文化交际中，文化预设决定交际者言语行为的模式和框架，在跨文化交际中如果交际双方缺乏共同的文化预设前提，就会引发语用失误。

举例来说，讲汉语的人和讲英语的人在接受恭维时的反应和态度方面具有很大的差异。中国人受传统宗法社会制度的长期影响，把“谦以待人，虚以待物”作为为人处世的信条，视为一种崇高的美德。表现在语言上，对自己总是有意贬低，对别人总是极力夸奖，即使遇上内心不能苟同的意见，有时也要装出表面的大度，表示某种程度的理解。总之，他们在言语交际中是以礼貌、谦虚为原则，并通过“让己受损，使人获益”的方式来表现对人最大的礼貌和尊敬。比如，中国人宴请外国朋友时总是说：“今天请各位吃顿便饭，没什么好菜招待，做得不好，大家随意。”西方人就会想既然请我们吃饭，就应该吃最好的，饭菜不好，又何必请我们？

在跨文化交际中，说话人在自己的语用预设指导下把意欲传递的语用之力进行语言编码，然后听话人也在自己的语用预设的指导下把说话人的语言编码译成语用之力。如果说话人和听话人的语用预设相似，那么说话人意欲传递的语用之力和听话人所理解的语用之力一致，言语行为得以实现，跨文化交际获得成功；如果说话人的语用预设或社会文化预设与听话人的不一致，说话人意欲传递的语用之力与听话人所理解的语用之力不一致，甚至冲突，跨文化交际就会发生语用失误。

二、跨文化交际语用失误的防范

减少或杜绝跨文化交际语用失误，必须要从语言和社交两方面对症下药以提高“跨文化交际能力”。所谓“跨文化交际能力”，是指为在特定环境中与来自其他文化的成员进行得体、有效交际所需具备的能力。所谓得体，是指交际行为合理、适当，符合特定文化、特定交际情境以及交际者之间特定关系对交际的预期；有效是指交际行为得到了预期的结果。“有效是交际的结果，得体是交际的过程。”

（一）要重视文化差异

跨文化交流出现社交语用失误的根源，是在与具有不同文化背景的人交往时，用本族语或本群体的社会语言规则，来解释和评价别人的行为，“judgmental”一词在英语中本就带有轻微贬义，表示“too quick to criticize people”，动辄对别人评头论足，用刻板印象来代替客观判断。这种狭义的世界观会投射在语言使用的各个方面，尤其表现在问候、恭维、感谢、抱歉、拒绝等言语行为方面。

从交流的动机来讲，则必须要努力克服民族中心主义，避免不知不觉地用自己的文化标准来判断他人的言行，认为那些不同于自己文化习俗的行为都是不好的。要培养民族相对论思想，即是指“对不同的价值观念、文化习俗和言语行为表示理解和宽容，并能够根据不同的交际对象和场合，调整自己的行为和判断标准，以及刻板的定型观念”。正如洪堡特指出的那样：“每一语言里都包含着一种独特的世界观……人从自身中造出语言，而通过同一种行为，他也把自己束缚在语言之中。每一种语言都在它所隶属的民族周围设下一个圈子，人只有同时跨进另一种语言的圈子，才有可能从原先的圈子里走出来。因此，学会一种外语或许意味着在迄今为止的世界观领域里赢得一个新的出发点。”

1. 在语言教学中联系文化

文化的理解和语言的理解是相辅相成的，语言教学也离不开文化阐述。学习语言的目的是能够恰当地表达和运用，因此，在课堂教学中，要充分地引入文化因素，从语用的角度联系实际进行教学，才能达到教学目的。例如，在学习到“市场交易、问路”等相关的内容时，就应该结合留学生在中国的实际需要来处理问题。例如，买东西讲价时，买的一方经常会说“我经常来买你的（或都是老顾客了），还不便宜点？”卖者可能会说：“看在你是朋友的面子上给你最低价吧。”其实，买者和卖者并非朋友关系，他们这样说只不过是拉关系，套近乎，以达成交易目的罢了。这其实是中国传统文化中的人情面子关系在起作用。

2. 明确语言与文化之间的关系

树立语言学习即文化学习的理念。语言反映着文化，文化又渗透于语言之中，语言和文化是互相联系的统一体。学习语言必须要触其文化，将语言与文化割裂开来或对立起来的学习都是行不通的。既要弘扬民族文化，也要学习和尊重外国文化。不仅要了解某个词或短语的字面意义，而且要知道它深刻的文化内涵，知道其怎么用。任意地套用或滥用都是不可取的。

（二）要重视全面提高交际能力

培养语用能力，要从根本上，提高对语境的认识能力，从而理解别人的意思和意图，并能够准确表达自己的意思和意图。整合已有研究成果，建立起一个比较完整的跨文化交际能力理论模型，该理论模型包含认知、行为和情感三个层面。“认识层面强调的是对自身和交际对方文化的理解，即跨文化总结；行为层面体现的是在跨文化环境下完成交际任务或实现交际目的的能力，即跨文化效能，也就是通常所说的跨文化技能或技巧；情感层面强调的是个人在某种特殊的情景或与不同文化的人交际时，情绪或情感的变化，即跨文化敏感，跨文化敏感的发展过程是一个逐步认可与接受不同文化差异的过程。”跨文化交际对于“知识”的要求是指“具备自己文化以及交流者文化中有关社会群体及其文化产物和行为的知识，具备人际交往和社会交往一般过程的知识”。具体而言，就是要在交流中重视词汇、发音、语义概念以及与语言相关的文化问题。比如：一种文化里有的概念，在另一种文化里没有，即文化局限词，也就是由文化差异所导致的“你有我无”或“我有你无”的情况。某些人名具有特定的文化含义，如“阿Q、阿斗、伯乐”等；部分成语典故也有特定的喻意，如“班门弄斧、东施效颦”等。不仅如此，语言背后还往往蕴涵着一个民族的思维方式和交际方式。一般来说，西方人在交际时倾向于直截了当，开门见山；而东方人则习惯拐弯抹角，声东击西，兜圈子。西方喜欢就事论事，不太注重社会文化因素和人际关系对交谈主题的影响；东方人则对交谈双方的地位关系非常敏感，正所谓“见什么人，说什么话”，尤其在中国文化中，人际交流的主要目的之一就是建立和促进两人之间的关系，交谈的内容也尽可能以有利于建立和谐的关系为原则。

（三）要重视语言学习方法的改进

改进学习方法要从学会查词典开始。从接触外语开始，人们就开始接触词典，但实际上很多学生并没有真正学会怎样去查词典，没有真正让词典物尽其用。因为我们往往抱着一一对应的方式去查词取义，但各种语言之间的对等词，往往只占极少数，词典往往会通过标注的方式说明词语的形态变化、感情色彩以及语体适用，这些释义实际上除了解释词语“是什么”，还涉及“怎么用”的范畴。遇到明显的用常理解释不通的句子，不要得过且过、牵强附会，而要一查到底。例如，“game”从一词多义的角度讲，有时不能理解为玩游戏，而是指按照规则来做事。可见，改进学习方法，可以解决很多语用语言失误的问题。

同时，学习语言知识绝大部分仍然是通过单纯的阅读途径，但书面材料仅仅只是交流的一种渠道，活生生的语言场景往往是通过声音、影像来传播和实现的。因此，应该拓宽语言学习的范畴，更生动地贴近实际运用情境。

语言和文化本身都是动态的，由此产生的语用失误也处在动态变化之中，为了尽可能地规避跨文化语用失误，必须注意对语言材料的更新和拓宽。洪岗曾经指出：“外语教师在教学过程中要特别注意教授的内容有：特定的习俗化的语言形式；汉、英文化实现言语行为和理解言语行为的差异；英语中禁忌话题以及有损听话人面子的言语行为；汉、英文化间谈话双方的主从地位或谈话双方的社会距离的差异；汉、英文化价值观念和语用原则上的差异。”

（四）要重视厘清语域和语境条件

对于交流对象个体差异的了解，源于对语域、语境的把握。韩礼德指出，语言将随功能的变化而变化，这种由用途区分的语言变体就是语域，并且将决定语言特征的特定的语境因素归纳为三种：语场、语旨、语式。语场，即“话语范围”，“指交谈的话题以及场地。”出现在专业科技文献中的专用名词，就不太可能出现在日常口语交流中。语旨，即“话语基调”，“指交际双方的社会角色和语言活动的目的。人际关系越亲密，语言的正式程度越低。”语式，即“话语方式，是语言活动所采取的媒介或渠道，有可能是口头的、有可能是书面的，也有可能是介于二者之间的。”简而言之，对语境和语域的确切定位，就是将交流对象、场合和媒介进行细分，厘清对方和自己的角色、双方的关系，以确定最顺畅的交流方式。比如，打招呼，“Hello”最为常见，应用的对象也最为广泛；也有人喜欢用“Hey”来打招呼，但通常用于比较熟稔的人之间，如果用来招呼陌生人，对方虽然明白，但心里可能会嘀咕：“我们有那么熟吗?”这就是为什么要根据交流双方关系的亲疏来决定话语的选择。同样的道理，“Good morning”就要比“Morning”显得正式；而“What's up”的招呼方式更轻松、随意，年轻人用得更多；“Look who it is”更常出现在长久不见、表示惊喜的场合。

第六章　高校英语教学中的语用能力培养

近年来，随着我国经济全球化日程加快，对外交流广度和深度在此背景下也逐渐加强，社会对英语人才标准和以往相比也有相应的提高，因而对高校英语教学提出全新的要求。高校在教学中也应把提高学生就业能力放在首位，为了更好地适应市场就业需求。但相关研究指出，我国高校学生英语语用能力处于滞后状态，对此需要培养大学生英语语用能力，使高校毕业生在激烈就业市场竞争中占据一席之地，真正实现全面发展。本章分为高校学生语言应用能力现状、高校学生英语语用能力培养的必要性、高校学生运用能力的培养策略三部分，主要内容包括高校学生语言应用能力现状分析、高校学生语言应用能力欠缺原因分析、影响学习者语用能力的三个主要因素；受国际化和全球化的影响、语言是不断发展的、语言交际过程中的必然要求；高校学生语用能力的培养现状、高校学生英语语用能力的培养策略以及高校学生语用能力培养的思路探索等。

第一节　高校学生语言应用能力现状

一、高校学生语言应用能力现状分析

语用能力即语言组织和应用能力，前者涵盖语篇和语法能力，后者则为语言内表现行为和社会语言能力。我国学者认为，语用能力可以看作运用语言和他人得体交际。也有学者认为，语言交际能力分为语言和语用能力，其中语言能力有语法、词汇、语音、词素各个部分，语用能力则涵盖语篇、语言和策略能力。从上述可以归纳总结为，语用能力即在人际交往中基于正确认识语境的前提，能够理解他人意图和含义，并能准确表达自己意图能力。随着全球化趋势持续加强，掌握一门国际通行语言且能运用到实际生活当中对培养应用型和综合型人才有着较大裨益。但很多学生受应试教育体制

影响，仍然停留在闭口英语现状，即具备完善理论知识且可以应对各种语言考试，但无法和外国友人沟通交流，或没有正确结合语境而产生尴尬，以至于不能较好地发挥英语实际能力。

（一）听说能力严重缺乏

大多数学生进入大学之前已接受 6 年基础英语学习，其中中学阶段英语学习多处于应试教育模式，师生都倾向于阅读和写作能力，忽略听力和口语能力。进入大学后，学生本应有足够的空间和时间强化听力和口语，然而部分高校要求学生备考四、六级，并过于追求过级率，由此增强高校教学硬性指标，导致学生回到应试教育环境当中重复性学习。虽然大部分学生通过四、六级，但却无法应用所学英语知识和外国人沟通交流，毕业后更将英语视为无用学科。

（二）交际用语失误

中文和英语两种语言沟通交流是两种不同文化的碰撞和思想意识的理解。如果双方在沟通交流过程中不能较好地理解对方文化特色和背景，必然会出现尴尬和误解。例如，学生每天上课都要和教师打招呼：“Good morning，teacher！”国外学生则会说：“Good morning，Mr.”因为教师是一种职业而不是个体。

（三）中国式英语

大部分学生受母语习惯和语法影响，在运用英语和其他交流时常常无意中运用中国语言表达方式表达英语。例如，“Our university life has passed one month”，这句话的表达顺序就非常中国思维，违背了英语表达要求，正确表达为“One month has passed since our university life begun”。

二、高校学生语言应用能力欠缺原因分析

文化产生于不同的背景，有着与之俱来的时限性、流动性及区域性等，具备了多样化的特征，而语言则是文化的重要载体，文化会在一定程度上制约着语言的表达方式、词汇本身等。顾名思义，学习语言的过程即为了解文化的过程。随着后续学习的深入，不同文化学习者就会遇到各自的障碍。例如中国人总会用带有修饰性的词形容某事，像“她很矮，她很高”，但是如果用英文表示即为“She is short，She is tall”，这种语气显然更显得像在陈述事物的本质状态。这种障碍的外在表现显然无法用语言交流去避

免，所以，了解其文化背景则显得极其重要。

就当前的高校英语教学来看，不了解成语、但语、固定短语等成为了学生产生跨文化障碍的主要原因。除此之外，教师的教学因素和语境上下关系的缺乏等也会造成这一障碍。在一定程度上，社会文化对语言使用者的思维方式及表达能力有着制约和影响。例如，对于长期生活在寒冷的北极圈里的爱斯基摩人而言，雪尤其重要，性命攸关，正是因为这一现象的存在，使得爱斯基摩人的语言中，分别命名了雪的各种形状和环境。不同的雪竟然用 20 多个词分别进行表达，如下着的雪、堆积的雪、石头上的雪，等等，而雪对于英国人而言是极为平常和无足轻重的，仅仅用一个 snow 对其进行表示，因为对英国人而言，不存在这种社会文化需要，而非英语这种语言没有能力区分不同类型的雪。作为一个工业非常发达的国家，美国人的生活中离不开汽车，所以在指汽车的词汇方面，美国英语中有着多达 26 个的词。在此基础上，并延伸出了很多与汽车相关的词语。相反的情况下，因为爱斯基摩人对于汽车并没有过多的词语进行表达，这与其不存在这种社会文化需要有关。说明社会成员与社会环境关系密切，这也决定了其文化传统影响下的语言习惯等。

三、影响学习者语用能力的三个主要因素

学习者语用能力的培养是多方面作用的结果。下面根据培养语用能力的三种理论模式，即言语适应论，维果斯基的亲情语境论以及语言社会化来阐述影响学习者语用能力的三个主要因素，即心理因素、环境因素和社会因素。

（一）心理因素

言语适应论认为，语言学习就是学习者心理对目的语社会观念的一种“适应”，从而获得某种交际效果及目的语社会的承认。当初学者在学习特殊或低频词语时还不会有意去适应目的语国家的社会观念，到后期学习一般或高频词语时，他们才适应当地的社会观念。

但是与本族语者对话时，学习者不会完全适应对方的语用习惯。如果学习者对目的语文化有抵触情绪，则只能学好词汇和语法；只有学习者对异国文化持友好、包容态度时，才能真正学好那门语言。例如，成人学外语时心理上有矛盾：一方面想学好外语，另一方面又不愿放弃母语的文化、习惯。这样一来，他们便会养成一种独特的跨文化语用习惯，一种独特的“中介语”语用习惯。

（二）环境因素

维果斯基的亲情语境论认为：儿童的语言是在他周围的成人或同龄人帮助下发展起来的。开始时，学习者全靠比他水平高的同伴告诉他做什么、不做什么、怎样做，即“他人调控”；经一段学习之后，学习者逐渐能根据语境的特点和模式来调控自己的思维方式，达到“自我调控”。例如，在师生会话中，教师先用特定的方法教学生，先讲解，然后学习者与学习者练习、演练。起初，学习者的练习需要提示，但练习一段时间以后，他们需要的帮助越来越少，最后便能够自己独立地完成对话了。同时，研究也发现，以学习者为中心的讨论给学习者们提供了一个相互帮助的环境，这些都是亲情语境的作用。

（三）社会因素

在语言习得中获得社会文化知识的过程就是“语言社会化”的过程，语言社会化强调：使用语言要达意、恰当、有效，方式有两种：“显性”和“隐性”。显性语言社会化指身边的人在某些具体的语境中直接教授礼貌规范。隐性语言社会化是在日常交往中无形地习得社会规范。“显性”语言社会化反映在课堂上，要求教师即时地对学习者的语用失误进行纠正，如“不要那样对人说话，应该说‘对不起，请……’”。

“隐性”语言社会化倾向于两个方面：①学会怎样表达和领会情感；②学会怎样按对方和自己的身份来讲话。研究表明，为了进入目的语的社会圈，学习者必然会学习母语者怎样恰当地表达自己的情感，领会对方的情感，因为这种表达和领会都直接与人际关系有关。“确立社会身份”已成为学习者社会化研究的重点之一。在语用习得中确立自己身份的能力主要反映在课堂上。学习者在课堂交流中，通过扮演各种各样的角色“进入”社会，学会怎样按身份表达和理解语用意义。

第二节　高校学生英语语用能力培养的必要性

一、受国际化和全球化的影响

国际化与全球化使得英语成为不同语言与文化背景的人们进行沟通交流的一种通用的语言媒介，这也对我国大学英语教学的教学内容和教学方式提出了更高的要求。目前，我国的大学英语教学受传统教学方式的影响，而且在大学英语四、六级考试的压力下，大部分学校的大学英语教学仍旧以通过考试为目的，课堂教学内容局限于考试的内容，英语语言知识的习得所占比重较大，教师注重语法、词汇和句法的讲解，忽视了英语语言在具体语境中的使用规则和交际能力的培养。因此，为了提高我国大学生的语用能力，提升其多元文化的交际能力，大学英语教学对学生语用能力的培养需大力加强。

二、语言是不断发展的

我们知道，地球的历史有 46 亿年，现代人类的历史有 10 万年，语言的历史有 10 万年。语言是人类生活和人性中不可或缺的一部分。语用学是语言学的一个较新的领域，它研究在特定情景中的特定话语，研究如何通过语境来理解和使用语言。

随着社会的发展，语言也在发展。随着改革开放，我国与世界各国的经济、文化、教育、政治的交往日益频繁，合作进一步扩大，在这一过程中，英语作为媒介手段和信息转换工具越来越显出其重要性。虽然我国中小学已经普遍开设了英语课，但是往往注重单项或几项技能的训练，尤其是英语应试训练，造成了很多学习者进入大学后很难适应注重英语运用能力以及听说的英语课堂。

当今大学生比较头痛也很普遍的就是“哑巴英语”现象。虽然学习英语的词汇，语法有利于巩固基础，但是学习英语的最终目的就是为了更好地进行交流，尤其对当今大学生来说，能够正确的使用英语这门国际性语言进行交流已迫在眉睫。此外，用英语来同使用英语的本族人交往时，知道一点语用学是很有好处的。跨文化交际中有一个语言的文化差异问题。对我们来说，英语是外语，说英语时往往或多或少地带有汉文化的痕迹，这时，就要懂得一点语用学，在交际时要处处方便对方理解，避免造成交际上的障碍。

各国之间不同的文化也会影响语言的运用。例如：在中国，人们见面的寒暄语通常为：“您吃饭了么?”但在西方却截然不同，人们通常以“What is the weather like ?”作为会话的开始。学习英语语用学帮助学习者了解西方背景及文化，使学习者在与别人用英语交谈中从“native speaker”的角度出发，避免因为中西方文化差异带来的误解甚至冲突。英语会话有很多自身的特点：它的始发行为标志鲜明，有规律可循；它的表述会伴随着停顿、结巴、啰嗦、重复等迟疑现象；它的话题灵活多变、形式多样；它的措辞有时直截了当，有时委婉含蓄；它的语气会随着双方关系的不同而变化；它的结束语每每以信号的形式出现。

学习英语语用学对英语会话进行语用分析，帮助学习者在不同的会话语境中使用不同的表达手段，从而产生不用的语用功能来满足英语交际的需要。每个人的一举手、一投足、一弯腰乃至一颦一笑，并非偶然的、随意的，像有声语言那样具有一定的规律，尤其西方人，更喜欢用肢体语言向他人传递思想和情感。

正如艺术家达芬奇说："从仪态了解人的内心世界，把握人的本来面目，往往具有相当的准确性和可靠性。"增强大学生英语的语用能力让学生了解和学会西方人如何用肢体语言表达自己。英语已成为我国的一种通行的国际交流语言，加强当代大学生的英语语用学，能够解决学生语言运用能力的这个薄弱环节，使学生在趣味中学习如何说英语，了解中西方文化差异，从提高口语表达能力出发，了解英语说话的各种准则及技巧，掌握说英语的艺术及技巧，具有很强的实用性。使他们在今后工作和社会交往中能用英语有效地进行口头和书面的信息交流，同时增强其自主学习能力、提高综合文化素养，以适应我国经济发展和国际交流的需要。

三、语言交际过程中的必然要求

语用能力是语言交际能力的一个重要组成部分，是交际者在跨文化交际过程中能否恰当运用语言的一种能力，它由语言语用能力和社交语用能力构成。

"语用"这一术语首先出现在美国语言哲学家威廉·查尔斯·莫里斯所著的《符号理论基础》一书中。我国在20世纪80年代开始语用学研究。1979年，中国社会科学院语言研究所出版的《语言学译丛》发表了许国璋的译文《论言有所为》；1980年，北京大学的胡壮麟在《国外语言学》（现在为《当代语言学》）第三期上发表了《语用学》的论文；1988年，何自然出版了《语用学概论》；1981年，何兆熊出版了《语用学概要》。

进入1990年后，我国语用学研究获得了更大的发展，取得了辉煌的成就。1993年，钱冠连的《美学语言学》出版；1997年，何自然的新作《语用学英语学习》出版；同年，钱冠连的《汉语文化语用学》出版；1999年，熊学亮的《认知语用学概论》出版；2000年，何兆熊等的《新编语用学概要》出版；同年，姜望琪的《语用学——理论与应用》英文版出版。

随着语用学研究的发展，语用能力被作为一个重要的学术概念提了出来，而且在外语教学中得到大力提倡。近20年来，国内外语用学界有关"语用能力"的研究主要集中在两个方面：一是"语用失误"及其类别和原因；二是语用能力与语言能力之间的关系。从语用学研究的主要内容看，它们都与言语交际密切相关，同时也是大学英语教学中长期没有得到重视的方面。

语用学与外语教学的研究成果表明，英语作为外语的语用能力，不会随着学生的英语语言能力的提高而自然地提高，语用知识是要教的。戴伟栋教授赞成通过课堂教学，增加语用知识的输入，以提高学习者的语用意识，培养语用能力。专家认为，在外语课堂教学中培养学生的语用能力势在必行。

首先，语言教学的目的在于培养学生良好的语言交际能力，英语教学当然也不例外。学习者使用语言的目的在于运用英语交流思想、传递信息、交流情感。在英语中，同一交际意图可以用不同的语言形式来实施，如表达歉意这一交际意图可以用陈述语句，也可以用疑问语句或祈使语句。在用陈述句这一言语行为时，道歉这个交际意图在言语表达上可以体现为“直陈歉意、解释或描写事件发生的情景或过程、承认自己负有责任或过错、许诺或保证不再让类似事件发生、主动提出补偿”等。反之，同一语言形式（如陈述句式）在不同语境下可以表达不同的交际意图。比如，一个简单的陈述句“It is cold in here”，在不同的情景下可以用来陈述事实、表达请求、提出建议、表示责备、发出警告、暗含讽刺和挖苦、开玩笑等。因此，教师在教学中有必要帮助学习者区分在不同的情景下用何种表达方式最为合适。

其次，在语言交际中，尤其是跨文化的语言交际中，人们对非本族语者的语法错误往往持比较宽容的态度，而对他们的语言表达得不得体则往往耿耿于怀。外语说得流利，语法错误少，而语用上的不得体却不时出现，这样就会让本族语者觉得你冒失、无礼或不怀好意，因而会影响整个交际。因此，作为教师，不仅要在教学方法上做出调整，采用不同的教学方法来处理在语篇、语境和交际中存在的问题，而且要在教学材料的组织、编排和选用上做深入研究，并且在测试手段和方法等方面重视语用能力测试，使整个英语教学形成一个以语用知识的教学为重心、以语用能力的培养为宗旨的教学，换句话说，也就是英语教学的过程同时也应该是一个培养语用能力的过程。

第三节　高校学生运用能力的培养策略

一、高校学生语用能力的培养现状

（一）教学内容以教授语法知识为主

语法教学中仍以语法知识学习为主，是当前高校大语法教学中的首要问题。从其教学模式上来看，大多数教师仍遵循着“教师—教室—教材”进行课堂语法知识讲解结合课后作业的传统教学模式。

高校大语法知识表现为更繁杂、更细化。若课堂教学中依然局限于学生对语法知识的学习，况且大部分内容都在中学阶段出现过，必定使学生感觉枯燥厌烦。语法课程的学习变成了对各种条条框框抽象知识点的机械记忆，这种依然聚焦于语法规则学习的语法教学无益于学生语法知识的提高，更无从谈及学生英语运用能力的提升。

另外，从高校大选用的语法教材来看，目前广泛使用的为章振邦的《新编英语语法教程》（第五版）。这是公认的一部语法教学经典著作，语法知识点的编写非常详尽，理论价值很高。但问题也出现在这里，重理论轻运用，缺乏实践性的教学内容和练习项目，在教学过程中若照本宣科，必然会出现学生理论知识丰富而语言应用能力水平有限的教学窘况。

（二）单向灌输的教学方式，讲授法为主的教学方法

目前高校的大语法教学，从教学方式上来看，依然是以教师为主导的单向灌输的教学方式。虽然当前绝大部分高校教师采用了辅以多媒体课件的教学手段，但深入分析会发现技术带来的只是对教学内容展现的生动性，学生被动接受知识灌输的本质并没有改变。课堂上师生之间能够互动、学生能够交流练习的机会仍然很少，课堂气氛枯燥沉闷；从教学方法上来看，仍以传统讲授法为主：首先教师给出例句向学生展示语法知识点，讲解例句体现出的语法规则；随后教师布置作业练习，题目以选择题为主，辅以改错、填空题等进行复习巩固；最后则是教师在课堂上对练习题目进行讲解，巩固加深学生对语法知识点的学习。值得注意的是，在此种语法教学过程中，教师用来展示语法知识点的例句往往是脱离实际语用环境的单句，按此教学虽使学生能够输

出语法形式正确的句子,但却缺少实际语用价值。

另外,高校教师面对的学生,其中学阶段学习英语的主要目的就是为了高考,学习方法主要是靠不断刷题,搞题海战术。尽管此方法有利于学生较快地掌握目标语言的整个结构,但单纯利用这种教学方式,不利于学生语言交际能力的提高,当前中国学生的“外语聋哑病”就是这种教学方式广泛应用的后果。因此,应在正确认知语法知识与语言应用能力两者关系的基础上,找到合适的方式,一方面既能提高学生的语法知识,另一方面又能确保学生会运用语法知识。

二、高校学生英语语用能力的培养策略

（一）转变英语教学理念方式

现代社会对大学生交际应用能力有着较高的要求，再加上快速发展和普及的互联网信息技术，无疑对传统英语教学模式造成冲击，因而改革大学英语教学势在必行。随着我国经济水平大幅度提升和信息技术快速发展，人和人之间沟通交流也变得越加频繁，也因此延伸出微信、微博等各种即时交流社交工具，拉近人与人之间沟通距离，无形降低沟通成本。其中，微信是各大社交软件应用最为频繁的一款类型，英语教师可以将微信引用到听力教学当中，即按照 Listening 环节要求寻找和所学知识有着紧密联系的影片资源。在此过程中鼓励英语基础较好的学生尝试观看原声和纯英文字幕影视作品，还需要将和影视作品有关的语言、背景、人物等各方面知识制作成图片发布到提前建立的微信公众平台当中；当学生掌握相关知识后，便让其完成 Understanding a movie speech 部分听力,可以挑选学生扮演其中角色。

此外,英语教师在此章节教学过程中可借助优酷、腾讯、土豆等视频网站手机客户端将影视短片分享到微信朋友圈和微信群当中,同样需要搭配和影片相关的背景知识和人物简介,之后让学生在微信群中讨论该影片表达内容、生字词和情节等。学生可借助课余时间在学校等各个遍及无线网的区域反复查看英语教师布置的影片,最重要的是可以跟着影片字幕对自身错误的英文发音进行纠正,由此完成听力练习。微信可以帮助教师创设轻松愉悦的教学氛围,改变传统因脱离母语而学习英美文化等不足,进一步提高学生口语能力。

（二）强化师生的英语语用意识

思想意识决定行为举止，行为举止决定事务结果，这是众所周知的道理。学生只

有在思想上具备了良好的语用意识，认识到了语用能力的习得和掌握对取得跨文化交际成功的重要性，学生只有在学习的过程中，才会主动地去学习语用知识，在实际的语言交际中才能注意运用所学的语用知识，有意识地克服和避免语用失误的发生。因此，在高校英语教学中培养和提高学生的语用意识，是培养和提高学生语用能力的首要条件。

受多方面因素的影响和制约，大学英语教学过程中，教师和学生的语用意识往往都比较淡漠，要提高英语语用能力，首先教师要强化自身的语用意识，并把语用意识融入到具体的英语教学实践中，激发学生英语的语用体验。教师要选取或编写语用意识较强的教材，突出语言的实际运用和中英文化差异的对比，加强学生对具体英语语用知识的使用。

鉴于我国高校的办学条件，大部分高校大学英语都采用大班教学，学生接触与实际运用语言的时间不多，能有跟英语本族语者直接交流的机会则更少。由于缺乏实际语言交际的锻炼与检验，大部分学生在学习英语的过程中对自己语用能力的缺失往往注意不到。因此，我国高校英语教师要把提高学生的语用意识当作英语教学的首要任务，要让学生明白，成功的跨文化交际不完全取决于外语词汇量的规模和语法规则识记与运用，更需要对双语文化等因素的了解和掌握，以及懂得如何在特定的语境中使用恰当的语言表达方式。要力求通过培养和提高学生的语用意识来充分发挥学生学习语用知识的主观能动性，改变原本学生在学习英语时只强调英语词汇和语法知识的习惯，引导他们在学习过程中逐渐加强语用能力的习得和掌握，增强文化意识，提高对语境的敏感度和认知能力。

（三）利用网络优势开展教学

近年来，随着经济水平提升，国际文化和科技交流需求和以往相比也日益增大。高校毕业生有更多的机会参与到跨文化交际活动当中，无疑对学生语用能力提出较高要求。和传统语言学习环境相比，网络学习环境在培养学生语用能力方面优势更为明显，因此，可以利用网络优势培养学生语用能力，具体可从以下方面着手。

1. 通过网络途径增强学生语用意识

受到国内语言环境以及应试教育的影响，高校传统教学模式下，大学生在日常生活和学习过程中实际运用英语的机会不多，除了留学生和外教，学生与英语母语人员的交流较少。由于缺乏实际语言交际的锻炼与检验，大部分学生在学习英语的过程中，对于语用能力的习得对成功跨文化交际的重要性往往认识不够，也常常意识不到自己语用能力的缺失。

大部分学生因受我国语言学习环境和中小学应试教育理念影响，并没有较多的时间接触和应用语言，直接和英语本族者交流机会更是少之又少。正是因为缺乏实际语言交际经验，导致多数学生在学习英语时不能正确认识掌握语用能力对提高跨文化交际能力的重要性，无法意识到自身语用能力缺少。对此，高校英语教师可利用网络学习共享性和交互性特点指导学生收集网络资源并通过专题讲座、新闻、电影、电视等不同形式学习生动案例，也促使学生了解形成语用能力在跨文化交际中的重要性，更让学生理解跨文化交际并非单纯记忆语法规则和积累词汇，需要了解双语文化以及在特定语境中如何运用恰当的语言表达方式。由此一来，才能使学生主动参与其中。

鉴于网络学习具备交互性和共享性的优势，教师在课堂教学的过程中，可以引导学生通过浏览英语学习网站，下载和整理需要的网络资源，利用多种形式，包括参加讲座、观看英文原版电影等，融入到原汁原味的英语语境之中，感受到英语语用能力的重要性。同时，教师可以引导学生通过互联网开展全球范围内的跨国和跨文化的交流，在交流的过程中让学生明白成功的跨文化交际，并不完全取决于外语词汇量的积累和语法规则的识记，而是取决于学生对于英语文化环境的了解，以及在掌握大量词汇下针对不同语境而运用不同表达方式的能力。

教师在通过网络进行教学的过程中，要引导学生自主地发挥语用学习的主观能动性，使他们意识到过度重视理论学习对于英语语用能力的培养是不利的，在奠定了语法和词汇量的基础之后，还需要通过掌握文化意识来提升对于英语语境的敏感度，增强对英语文化圈的感知力。只有学生意识到英语的语用能力在跨文化交流中的重要性，才会主动地关注英语语用能力的提升。学生通过网络来获取各种日常所需的语用知识，避免传统英语课堂教学所带来的中式英语，也解决了当前英语学习与英语语用环境的脱节境况。

2. 发挥网络优势加大语用知识力度

相关调查研究指出，高水平英语能力学生并不具备较强的语用能力。我国目前的大学生语用能力现状已经充分证明了传统课堂教学方式的短板，良好的词汇量和语法的掌握并不能够给语用能力的提升带来本质上的帮助。而语用能力的获得也不会在这种环境下自动生成。语用知识输入是促使学生语用能力提高的途径之一，丰富的网络资源为学生提供大量文化背景知识和语言材料。必须要引导学生学习语用知识，才能确保学生形成良好的语用能力。借助于强大的网络连通功能，学生在进行网络学习的过程中,利用搜索引擎,只要输入主题词或关键词,就可以在短时间内搜索到相关的语用知识与材料,涉及英语国家的社会、政治、经济、文化、教育等各方面的英语资料随手可得,这就为学生获取和印证语用知识提供了极大的便捷性和直观性。

教师在大学生语用能力的培养过程中,可以利用多种形式来引导学生进行对话练习,掌握当前主流英语环境中的对话原则、简化用语和常用语,使学生获得具有实用性的语用常识。同时,学生在教师的引导下,接触大量的原版文学作品,通过了解作品的产生背景、作者生平等,接触到真实的语用环境下的语言运用,让学生在语言学习过程中,能够充分考虑社会文化背景以及文化环境,从而获得在与英语社会人员进行沟通与交流过程中的主动性。

英语教师可根据实际教学需求利用电子邮箱、网络课堂、电子公告栏、博客以及会话、对话和礼貌原则等详细讲解语用知识。必要时还可引导学生登录英语学习网站接触纯英文文化作品,了解作者写作背景,通过接触大量自然真实的语言材料增强语用能力。

3. 利用网络资源锻炼语用能力

中国学生学习英语因受社会群体、地理环境等不同因素影响而存在语境缺少现象。学生在单一语言学习环境下达到成语用能力目标有一定难度。但具有显著优势的交互性和实时性互联网语言环境,可以弥补学生在接触语言应用能力方面存在的不足。通过虚拟教室、聊天室、网络电话和实时聊天等方式开展面对面交流,使信息传送和反馈同步开展,填补单一语言环境下缺乏运用英语语境缺陷,提高学生在特定语境下的恰当运用语言能力。

在大学生语用能力的锻炼过程之中,心理问题作为影响语用能力提升的一个主要障碍,曾经长期得不到有效的解决。原有的传统课堂之中,很多学生因为怕在课堂上出错丢脸,而羞于进行语用能力的测试和培训,这就让原本就不多的语言使用机会更加匮乏,学生的语用能力根本无法得到有效的锻炼和实践的检验。而网络环境则可以有效地解决这个问题。网络之中的交流有很多都是在虚拟环境之下的交流,环境宽松,不会有人因为语言出错而受到嘲笑,学生也更加能够在放松的环境下提升自己的语用能力,学生只需要尽力表达自己的内心想法即可,而不需要顾忌语法或者词语的恰当与否,在与语用环境较好的人员交流的过程中,学生可以更好地了解到自己的语用存在的问题,并在持续的交流中进行改善。学生可以完全掌握这种网络交流的节奏并自主选择时间,这就降低了学生语用能力培养过程汇总普遍存在的心理焦虑,交流的质量得到了提升，增强了学生的自信心。

总之，语言教学是一个培养学生语用能力的过程，高校作为培养高质量应用型人才的主阵地，自然而然需要在英语教学中培养学生语用能力，提高自身综合素质，更好地符合社会发展趋势。在具体教学过程中坚守以学生为中心理念，针对不同学生实施个性化教学内容和教学方式，有利于激发学生学习兴趣，引导学生享受学习和快乐学习，增强英语应用能力，更好地促进学生全面发展，从而帮助他们成为符合社会发展需求的高质量人才。

（四）开展语境教学

语言交际离不开语境。为学生英语语言的学习提供最直接的感受空间，创制一种真实的氛围，让学生受到语境的感染和语境的暗示，从而自觉地使用适当的语言形式，培养其英语思维的形成。为促进学生语用能力的培养，大学英语教学的重点应落在学生身上而不是语言本身上，应多关注学生个人潜能的发挥，注重培养课堂中的师生互动。

对于大多数的英语学习者来说，缺少真实的英语语言环境，母语的负迁移影响较大，很难有效地提升英语的语用能力，这需要大学英语教师为学生创建有效的英语语用环境。大学英语教师要增加学生使用英语的机会，通过微信、QQ 等社交手段锻炼学生的英语口语表达能力，为学生纠正英语发音；加强学生阅读和写作方面的训练，让学生了解英语书面语的标准表达及书面语和口语的语用差异，将英语语言基础知识的习得真正运用到日常生活中。

学校可以聘请尽可能多的以英语为母语的外教，配合大学英语教师进行课内外活动，定期进行英语角和英语读书会，不定期地进行英语演讲、英语辩论、英文电影配音、英文诗歌朗诵会等活动，为学生提供更多地使用和接触地道英语的机会，使学生从死记硬背英语语言基础知识中解放出来，在语言使用的环境中真正习得语言。

（五）开辟第二课堂

由于课堂教学存在一定的局限性，如时间有限，听、说、读、写的能力难以得到均衡发展；教学内容有限，学习者语言输入量不足；班级过大难以实施个性化教学。基于这些原因，在传统课堂教学之外可以开辟第二课堂，将第一课堂和第二课堂有效结合，发挥第二课堂开放、灵活和广泛的特点，调动学习者的主动性和创造性，以拓宽学生的视野，从而提高学习者的综合素质和英语语用能力。大学生多数兴趣广泛，可以以外语为纽带开展各种兴趣小组、第二课堂指导小组，组织筹划具体的英语课外活动，强化实践环节，提高学生学习英语的兴趣。例如，组织"英语角"；成立英语协会，定期开展活动；利用调频广播，为学生们播放英语录音；举办全校性的英语文化节等。

为顺应大学发展的趋势和特点，把握大学生的特点，大学英语教学也应有明确的定位，那就是以培养实用型人才为目的。在明确了这一目的之后，接下来要做的是有计划、有步骤地加强师资培训、制订专门的教学大纲、选用适合学生水平的教材，不断探索适合学生实际需要的教学方法，强化培养学生们的听、说、读、写等能力，尽快找出具有特色的教学发展之路。

（六）注重背景文化知识的导入

文化意识的培养和掌握是语言教学的精华所在，在高校英语教学中，开展教学前，应当注重背景文化知识的导入。可让学生先进行相关背景文化知识的学习，以一节与 Christmas 相关的课堂教学为例，在教学正式开始前，对于此节日的习俗和西方人怎样庆祝等知识，让学生可以自行了解一下，借此方式，使得学生在深入了解此方面的相关知识后，势必会激发其探索兴趣，会带着问题和憧憬参与到教学过程中来，不仅有利于对学生跨文化意识和语用能力的培养，也更能提高课堂教学的效率。

（七）注重词汇教学中跨文化意识和语用能力的培养

具体而言，作为语言中最为活跃的部分，词汇对于学习一门语言意义重大，其可反映人类社会文化生活，更是承载着一定的文化信息。例如，涉及一些名著、寓言、神话等，对这些内容的了解，可以丰富对词汇的文化的理解，有利于更深入地去挖掘词汇的内涵。如对于"to meet one' s Waterloo"这一习语的学习，由于其与历史有关，应当向学生讲述拿破仑 19 世纪初雄霸欧洲，却于比利时的滑铁卢战败，这一词语是后人将其用来形容"惨遭失败"的，使得学生知晓这里隐藏的故事等。再如，按照我国人说话的习惯，在别人介绍妻子或丈夫时常说的"这是我爱人"，用英语将其直译过来是"This is my lover"，而在英语表达方面，lover 这一词汇表示"情人"或"相爱的人"，不具备法律内涵，仅有感情含义。应注意使用不当会引起误解，教师应提醒学生摒弃望文生义的做法，转而在对词汇意义准确掌握的前提下，对其隐含的文化因素进行挖掘，从而真正意义上知晓其中的文化内涵及对应用法等。

（八）阅读教学中拓展知识面

在英语阅读教学中，因为教材中的课文涉及到了丰富的题材和体裁，更是兼具了节日风俗、饮食习惯等众多方面，基于此，在阅读教学中，教师应注重带领学生对课文的文化背景等进行深度挖掘，拓宽学生知识面，使其能深入了解母语文化和目标语文化的内涵，使得文化差异在对比学习中体现出来。如在 Book 5 Module 3 阅读课的教学方面，为便于学生深入挖掘课文内涵，应让学生在预习环节查找《The Adventures of Huckleberry Finn》方面的资料，借助此方式，学生可对作者的主要作品、生平等进行了解，使得学生的自主学习能力和合作意识得到了培养，也更能对西方文化知识形成较深入的了解，使其感受和感知文化。

（九）注重口语教学的实效性

综合当前的高校英语教材来看，其中涉及的交际项目及交际场景较多，而这也正是高校学生未来毕业就业方面的所需。基于此，在教学方面，我们可对其进行筛选、照搬乃至是重组，结合教学内容，进行口语教学情景的有效创设，教师应及时介绍相关文化的背景知识，诸如涉及的生活习惯、宗教信仰等，借助此形式，形成了学生对中西方文化差异的有效了解，通过情景交际去提高其对语言的应用能力，显然有利于跨文化意识和能力的培养。实施过程中，可充分利用图片、幻灯片、电影等直观教具，专门介绍社会习俗、风土人情的纪录片和电影等，将倍受学生欢迎，可借助此方式培养学生跨文化意识和语用能力。

（十）重视英语翻译实践教学

现有大学英语教学大纲虽然明确提出对翻译水平要求，然而，现有教学大纲仍然集中于对学生听力和口语等综合能力培养层面，也没有明确指示各个层次学生教学内容和方式。翻译是一种综合应用能力，却没有在大学中得到重视，因而需要在大学英语教学大纲中明确强调翻译理论和技能的重要性，在期中和期末考试中也应加大翻译分值，由此提升大学教师和学生的关注。

与此同时，在编写大学英语教材时，应结合当前经济文化发展形式和全新翻译理念，使教材更具有指导性和针对性。传统英语翻译非常单一、沉闷，学生只要拿着本子记录教师讲解的内容即可，或学生尝试翻译内容，之后教师再给出正确答案，以至于很多翻译内容都失去了其应有的时效性。因而，在翻译教学中应注重内容、形式、效果三者统一，需要理论知识和实践并重，主要因为翻译承载着需要表达的内容，教师在教学过程中需要摒弃一本书讲一学期的传统思维，由此一来才能真正提高教学效果，引导学生思考翻译理论，既能知其然，也能知其所以然。此外，大学英语教师应适当为学生提供和翻译有关的实训平台，如网络翻译兼职、国际性赛事和外事接待等翻译项目，促使学生通过口、笔译活动积累翻译经验，最重要的是可以在实践中再次感受到翻译的重要性，提高学习翻译的自信心和水平。

（十一）创新教学模式

首先，语言的习得和使用离不开文化。多元的文化对语用能力的提高也有很大地影响。中西方文化的对比有利于学生更好地掌握中英两种语言的不同表达和使用。在理解文章内容的前提下，组织学生进行英语辩论，试听模仿等活动让学生在轻松愉悦的语言环境中把习得的语言知识运用到实际的语言表达中，增强学生的思辨能力，强化学生的语言表达和沟通能力。教师根据不同专业学生专业学习的要求，整理出学生所学专业的专业英语词汇，引导学生阅读专业的文献综述，并为其讲解科技文献中英语表达方法和使用规律，锻炼学生进行专业论文的英文摘要写作，让英语的语用能力服务于学生的专业学习。

（十二）调整大学英语的考核方式

目前，我国大学英语教学应试的目的性太强，因此可以通过调整大学英语的考核方式，强化学生的英语语用能力测试来激发学生的语用意识，提高学生的语用能力。大学英语的考核方式除了进行书面的笔试外，还可以进行多种形式的口试，如角色扮演，定题观点表达等。

（十三）结合教学内容讲解和传授英语语用知识

语用知识的输入是英语语用教学中提高学生语用能力的一个重要条件。克拉申认为，二语习得的效果主要取决于输入的质和量，只要有超过学习者现有水平的输入，习得才能发生，有足够的语言输入是语言习得的前提条件。既然语法能力的获得并不能保证相对应的语用能力水平的提高，同样，学生的语用能力更不会在学习的过程中自发的产生。

我国高校外语教学学生人数多，学生习得和检验语用能力的机会少，这样语用知识输入的作用就显得尤为重要。因此，高校英语教师在教学中要尽量结合教学内容，让学生多了解一些语用知识，要设法使学生注意语言的语用特征，对话语隐含、会话原则、礼貌原则等语用学知识要有相对系统和详尽的传授，并结合教材中的语言实例加以讲解。同时要加强双语文化知识的传授和讲解，告诉学生要注意交际中诸如文化背景、社会地位、社会距离、强加程度和相对权利和义务等语用参数，帮助学生在运用语言时考虑到这些社会文化因素,以恰当得体的语言取得跨文化交际的成功。

(十四)开展任务型教学提高学生的语用能力

中国人学英语,由于社会群体结构的独特性,从根本上存在着语用能力习得的语境缺失。在单一的外语学习背景下,学生要实现克服语用失误的目标,其难度可想而知。因此,高校英语教师在教学中要尽量使用原汁原味的语言材料,结合任务型外语教学方法,有针对性地对学生进行语用能力补缺。

任务型语言教学法是基于完成交际任务的一种语言教学方法,这种教学法就是指根据现实生活中的交际制订语言学习任务,由学生围绕这一任务制订计划,并通过自己的努力去实现计划、完成任务,并且要在这一过程中不断评估自己的学习。从认知心理学角度来看,学生英语语用能力的学习和习得过程,一方面是学生通过完成任务不断地将所学的语用知识内化的过程,另一方面是学生在完成任务的过程中不断地将所学的语用知识表现出来的外显过程,而学生的语用能力正是通过这种内化和外显的不断交替而逐步得以形成、发展和完善。

随着学习的深入,大部分高校学生会越来越明显地意识到,学好语言真正困难的不是如何读准发音或拼写正确,而是在实际交际中如何恰当运用语言。这就要求教师要充分发挥任务型语言教学法的优势,根据现实生活中的交际需要制订切实可行的语言学习任务,在教学中积极营造各种语境,自始至终注意结合语用、文化因素,把语言形式放到社会语用功能的背景下进行教学,就能使语言知识"活"起来,使学生的语用能力逐步得到锻炼和提高。

由于人们的文化背景不同,加上交际双方语法能力、语用能力的水平差异,在跨文化交际中出现冲突或误解在所难免。其中,语用能力的缺失所导致的语用失误所产生的影响比语法能力缺失所产生的影响要严重得多。因为语法错误只不过反映出说话人对第二语言掌握的不熟练,只会被认为是"话说的不好",而语用失误往往会被认为反映了说话人品质的缺点,是"行为不好"。

从这一点来看,学生语用能力的习得在大学英语教学过程中比语音、语法、词汇教学更应当引起人们的高度重视。目前,语用学提供了审视外语教学的新视角,为我国高校外语教学指出新的方向——语用方向,即语用学方法论。语用方向研究在我国高校的外语教学中尚处在起步阶段,它还有待于在教学实践中得以运用和检验。但语用学对外语教学的启示作用和应用价值不容低估,它与当前我国高校外语教学的理论与实践之间的关系将会越来越密切。

（十五）加强教材建设

在选择语言教材时，不应只注重材料的语言性，更应注重材料的文化性。大学英语教学所选的教材应多包含有关英美文化背景、风俗习惯等方面的内容，应着重解释文化方面的差异；语言教材应与时俱进，紧跟时代发展，注重语言情景的真实性和时代性；所选教材的内容应遵循英语国家规定的语言行为准则和文化模式，能真实反映出英语国家人们的日常生活情景和状态。真实的语言材料有助于帮助学生了解英语国家人们在交际中的身份、场合、相互关系等因素，使学生更好地理解和使用英语语言，避免和减少语言交际中的语用错误。

（十六）强化教师的主导作用

所谓“教以得当”，是教师立足于历史与未来的战略高度，以全新的观念和视野，前瞻地、创造地将自己的教学理念运用于教学实践之中。其中的关键词是：更新观念和艺术教学。所谓“学以得法”，表层上是指学生学法的追求实效，合乎规律。实质上仍是依托于教师得当的教法的指导和影响，进而在学习方法上逐渐形成良好的“思维定式”。教师教得“得当”，学生学得“得法”，用得“得体”才能成为可能。所以说，交际中出现的“语用失误”现象，究其根本原因还在教学因素。而教学中起主导作用的是教师。

1. 更新观念，得当教学

教师的教学行为取决于教学观念。教学观念决定着教师的视野、修养和教学艺术的展现。有了较为理性的教学观念，才能使教师视野的开放、修养的提高、教学智慧的运用、教学内容的艺术把握与处理上转化为自觉的、主动的、计划的和得当的教学行为。

2. 理性面对，适时引导

受母语文化及语用习惯的干扰，学生很自然地把英语语汇中文化意象的类属与母语文化“定势”。交际中的语用失误通常是文化意象的错位所致。其中，体现错位的不是意象本身，而是不同文化所赋予意象中特定的文化意味，由于文化的差异，文化意象本身所赋予的含义也随之发生了差别。教师只要积极理性地去利用母语文化中的“正迁移”，适时地重点辨析、指导、矫正学生的“负迁移”，让学生知晓母语中所负载的文化信息和目的语中所负载的文化信息，提示学生对双方语言中所负载的文化内涵有差异、有冲突的部分重点加以关注与了解；同时，引导学生对中西方由于文化因素的制约，反映在语言形式上的差异更要悉心关注，为学生及早走出“中国式英语”学习的僵硬期，提供有益、有效的引导和影响。

3. 加大比重，适度指导

容易造成语用失误的另一原因，则是目前教学中文化背景知识缺乏所致。不重视文化知识的外语教学显然落后于客观的需要，也有悖于外语教学的本质规律。教师不仅要注重语用学的学习与研究，不断拓展文化知识面，熟知相关民族的文化背景及人文性；更要在传授语言知识的同时，强化文化背景知识的介绍，适宜地进行中西文化的比较；在介绍词汇的文化内涵的同时，要详尽地解释词汇意义、结构意义及社会文化意义；辨析那些源于宗教、神话、传说和风俗习惯的词汇，诸如日常交际用语中的社交称谓、问候寒暄、致谢答谢、授礼受赠、习惯修辞及典故用语和委婉及禁忌等。

提示指导学生注重英语词汇在汉语中不同的语域以及它们各自所包含的文化内涵。以母语文化去对比分析西方社会观念及价值取向的差别，提示指导学生关注语用交际双方由于民族不同，均带有各自的文化属性。不同的文化所孕育的带有文化属性的世界观和价值取向的不同。让学生明白民族文化的多样性决定了各语言群体的价值观念、民族特色、表达习惯、比喻意象及社会特点上存在的较大差异。从而使学生在理解、尊重目的语民族的语用原则的基础上，不断对比、深化正确语用的敏感度和自觉性。

4. 教考结合，适宜诱导

在介入文化教学的过程中，充分利用各种教学手段，采取灵活自如的教学方法寓教于乐，如多媒体影音资料、英美文学作品赏析、短剧小品表演等。其中教师不失时机地加以背景再现或情景创设，让学生在宽松、愉悦的氛围中不断提高、完善自身的语用能力。与此同时，应将文化知识适量地引入学生的单元、学期的测评上，在考测指标上加大语用方面的比例，考测手段应多样化，从而增强考核的信度和效度。给予学生在对文化知识关注的自觉性上以适宜的诱导，使学生语用能力的培养贯穿于教学环节始终。

三、高校学生语用能力培养的思路探索

（一）“翻转课堂”的新型教学模式

“翻转课堂”是近年来兴起的一种全新的教学理念和教学模式，其真正运用于课堂教学始于 2007 年美国的“林地公园”高中，该校两位教师通过录制讲课视频的方式帮助缺课的学生补课，意想不到的是也受到了其他学生的欢迎。因此，两位教师尝试改

变以往的课堂教学模式——学生在家观看教师制作的授课视频；在课堂上，学生主要把精力放在完成练习以及与老师和同学的学习交流上。这就是“翻转课堂”的基本教学模式，颠覆了传统教学中“教师课上讲课、学生课后完成作业”的教学流程。

简单概括起来，在翻转课堂教学模式中，教师的知识传授采用现代信息技术，使之发生在课前，而在课堂中学生通过教师的指导或同学间的协助而完成知识的内化。当然，“翻转课堂”实现成功翻转的关键不是简单地在教学流程上的改变，而是学生在课前的学习效果达到了传统教学中教师课堂授课的效果，而在课堂中学生完成了对当次课程内容的内化。

1. 课前语法知识自主学习

黄和斌在研究高校大语法课程特点时，曾写到其教学内容80%都在中学出现过。语法教学内容上的这一特点，与高校大教学中的其他课程相比，具有进行“翻转课堂”教学的先天优势。因此，在进行“翻转课堂”的语法教学中，教师可提前一周做好导学案，制作或可利用丰富的网络共享资源下载与教学内容相关的微视频，设计练习题目，一并发布到学校网络教学平台供学生课前自主学习。另外，教师务必要在课前与学生就自主学习中遇到的问题（可选择在网络教学平台或实时聊天工具QQ或微信群中）进行及时在线交流，答疑解惑。针对普遍性的问题，教师可记录下来在课堂中集中进行解答。

“翻转课堂”教学模式课前教学成效离不开优质的“微课”视频。依据对学生认知特点和学习规律的研究，学生最好的学习状态一般在10分钟左右。因此，“微课”主要指依据教学目标，利用最多不超过10分钟的视频使教学中的知识点以图文并茂或动画的形式展现出来，这样学生对于枯燥的语法知识内容能够产生浓厚的兴趣，语法知识的讲授过程在“微课”视频播放中便可完成。

2. 课堂中聚焦语言应用能力的培养

学生语法知识水平的提高，并不意味着其语言应用能力会自然而然地随之提高。在“翻转课堂”的语法教学模式中，由于语法知识的学习被提到了课前，面对面教学中，教师只需用少量的时间答疑或对教学难点或重点适当地进行强化即可。“翻转课堂”节省了教师原本在课堂上占用大量的时间对语法知识的讲解，因此，可留下更多的时间关注于学生语言应用能力的提升。

学生语言应用能力的提高需要丰富、真实鲜活的语言输入以及语言输出的训练。因此，在“翻转课堂”的课堂教学中，需要教师和学生共同努力，收集丰富的关于当次课语法知识点的篇章语料。可以是学生正在所学的各门课程中的语言实例，如精读泛读或听力书中的材料，以此帮助学生解决由于语法因素所造成的阅读和听力困难。这样的素材就近取用，方便了学生查找。

除此之外，英文报纸中的时事（政治、娱乐等）新闻报道、英文歌曲、影视剧等的素材中撷取的语用篇章实例更能激发学生的学习热情。只有使学生深刻认识并体会到所学的语法知识点是鲜活地运用在人们的生活之中，才能极大地激发他们的学习动力。

“翻转课堂”的课堂教学中，另一方面就是促使学生运用知识点进行语言的输出训练。依据不同的语法专项学习，教师可设计不同的课堂活动。可采取小组分组的形式，每一小组都由学习程度相对较好与较薄弱的学生组成，可形成互帮互带的良好学习氛围。在活动的组织上以学生喜爱的方式进行，如表演（小品、相声等）、辩论、竞赛、游戏等方式。以句子结构的学习为例，教师可设计“拆积木”的小组游戏，让学生找出复杂的句子是由几块积木搭建而成的，在小组竞赛中让学生体验学习的乐趣。无论在语言的输入或输出练习中，教师都要把跨文化交际的理念融入到课堂教学中，使学生意识到由于中西方文化的差异，在交流中应避免语用失误。教师可就学生语言输入输出中的实例进行剖析，也可设立跨文化交流专题由学生小组协作完成。

（二）构建互利共生的大教学生态圈

20 世纪 70 年代以来，教育教学逐渐走出其对本体的研究，尝试运用其他学科领域的思想来研究教学，其中生态学的原理尤其引起了教育界的关注。生态是一个系统，只有系统内各因素得到发展，生态才能正常发展，如果某一方面出了问题，整个生态都会受到影响。生态教学理论认为教学是特殊的一个生态系统。从微观上来看，在学校教育教学中，一门课程自身构成了一个完整的教学生态体系，而它必然处于一个更大的系统之内。因此，从生态教学观视角来看，高校各课程教学处于一个教学的生态系统之中。

当前，高校大教学的首要目标之一是培养学生的语言应用能力。在大教学生态系统中，需要各课程专业教师间的互利协作。教师间要进行积极沟通交流，保证学生在听、说、读、写、译的语言技能课程中都能够正确运用所学语法规则。语言输入性的课程在开展教学活动中，都可将部分内容设计成语言输出性的课程，反之亦然。例如，在通常被认为是语言输入性的听力与阅读课程中，有很多的篇章思想内容都非常精彩，包含丰富的语法规则、词法运用、句型结构等各方面的内容，教师可引导学生对其达到能够复述的程度，这样不仅可使学生的思维能力得以提高，在阅读中还能够了解作者的写作思路、篇章结构、语言特色等，为学生自身英语口语与写作能力的提高打下坚实的基础。在此复述过程中，加强了学生对语法规则的应用。

从写作课的教学来看，写作教师几乎每周都会当堂或课后布置给学生一篇作文，作为语法教师，可以很好地利用这个机会。教师可在学生每周完成写作后布置学生登录大学生作文批改网，由批改网自动批改作文中的语法错误，最后学生登录网络教学平台展示自己的作文以及批改情况，同学之间或师生间及时互动交流，改正错误，互相学习写作中的优点。

大学开设的各门课程都有自身特定的教学目标，侧重于培养学生不同方面的语言应用能力，但学生语言应用能力的提升不是孤立地某一方面能力的提高，教学是一个系统。因此，大教学需要打破当前各课程教师各自为营的狭隘传统教学格局，朝着共同的目标，加强各课程间的互动交流。

语言能力和语用能力是英语教学中的两个方面，教师在培养学生的语言能力的同时要注意培养他们的语用能力。当然，语言能力是基础，没有这个基础，语用能力也就无法体现。对交际教学而言，研究语用学与帮助学生理解语言是一个多层面、多因素相互协调与制约的对立统一体。语言的语音和文字形式之间有着微妙而复杂的联系，这种理解有利于学生树立全面、辩证的语言观，建立从整体上把握语言的理念。

在课堂教学中，不仅要告诉学生语言形式，还要说明其语用功能，并创设情景，在情景中练习语言形式。在讲解词汇和结构形式时不应单纯着眼于其语音、语意和语法特征，更要揭示其在不同交际环境中的内部变化和外部联系。

此外，由于语用失误大多来自语言形式使用的偏差及社交场合中解释和表达语言形式的偏差。而造成语用失误的原因除文化因素和认知活动的差异以外，还与外语课堂教学中未能对学生有意识地输入语用知识有关。

因此，在外语教学中还要让学生了解中西文化差异及社会价值观的不同，尽量少犯语用错误。只有注意将语言能力和语用能力结合起来，外语教学才有可能是有效的、成功的，才能达到教学大纲所规定的教学最终目的，即“培养学生以书面或口头方式进行交际的能力”。我国外语教学应针对培养语用能力这一目标，调整指导思想，改进教学方法，以适应跨文化交际的需要，使学生运用语言进行交际的整体能力得到有效提高。

参 考 文 献

[1] 田有兰 . 语用·迁移·文化 [M]. 昆明：云南大学出版社，2012.

[2] 何自然 . 语用学探索 [M]. 广州：暨南大学出版社，2012.

[3] 屈萍，石秀珍 . 汉英跨文化交际中的英语日常语用 [M]. 兰州：甘肃人民出版社，2012.

[4] 唐淑华 . 语用视点：话语研究的新视角 [M]. 成都：西南交通大学出版社，2014.

[5] 李莉斌 . 语用学及应用研究 [M]. 石家庄：河北教育出版社，2014.

[6] 袁轶锋 . 中国大学英语学习中的语用、认知和策略研究 [M]. 上海：复旦大学出版社，2014.

[7] 赵荣斌，田静，魏碧波 . 英语教学中的语用分析研究 [M]. 北京：光明日报出版社，2016.

[8] 文健 . 语用学引论 [M]. 昆明：云南大学出版社，2016.

[9] 柳海荣 . 新时期高校英语教学的多视角研究 [M]. 北京：光明日报出版社，2016.

[10] 赵荣斌 . 多理论视角下的大学英语口语教学研究 [M]. 北京：光明日报出版社，2016.

[11] 向晓 . 旅游英汉语言认知语用对比研究 [M]. 北京：对外经济贸易大学出版社，2017.

[12] 周帆 . 高校英语教育教学理论与实践研究 [M]. 长春：吉林大学出版社，2017.

[13] 李红霞 . 大学英语教学研究 [M]. 天津：天津科学技术出版社，2017.

[14] 金红卫，陈勇 . 英语认知能力构建与高职实用英语教学改革 [M]. 长春：吉林出版集团股份有限公司，2018.

[15] 曹慧敏 . 意义的通达：互动语用学探究 [M]. 上海：上海交通大学出版社，2018.

[16] 易蔚 . 语用学与翻译多维透视研究 [M]. 成都：四川大学出版社，2018.

[17] 郑小媚 . 高校英语多模态课堂教学研究 [M]. 北京：国家行政学院出版社，2018.

[18] 冯小巍 . 现代英语语言学多维探索与研究 [M]. 北京：新华出版社,2018.

[19] 李楠，王云 . 大学生英语语用能力培养策略研究 [J]. 理论观察，2018（08）：162-164.

[20] 方亚利 . 语用学视角下大学英语翻译教学中翻译过程研究 [J]. 英语广场，2018（09）：117-118.

[21] 杨照 . 语用学原则在大学英语听力教学中的应用 [J]. 英语广场，2018（11）：92-93.

[22] 翟立伟，迟硕 . 影响大学英语语用能力教学的因素分析 [J]. 现代交际，2018（22）：26-27.

[23] 叶小松 . 重视英语口语教学培养学生语用能力研究 [J]. 成才之路,2018(22)：38.

[24] 陈颖 . 大学英语语用能力培养研究 [J]. 校园英语,2018（35）：16.

[25] 薛洁 . 加强英语语用教学提高学习者跨文化语用能力 [J]. 校园英语，2018（37）：86.

[26] 宋冬梅 . 语用视角下英语教学话语有效性建构路径 [J]. 信阳师范学院学报(哲学社会科学版),2018,38（06）：117-120.

[27] 吴湘婷 . 基于跨文化交际的英语教学中学生语用能力培养 [J]. 校园英语，2018（41）：117-118.

[28] 王艳 . 基于多元语境的英语语用现象研究 [J]. 校园英语,2018（47）：233.

[29] 李红新 . 浅谈高校学生英语语用能力的培养策略 [J]. 校园英语，2018（52）：14-15.

[30] 王文良 . 浅议大学英语教学中的语用失误及对策 [J]. 校园英语，2018（52）：18-19.